Jacqueline COVO
Professeur à l'université de Lille - III

INTRODUCTION AUX CIVILISATIONS LATINO-AMÉRICAINES

Troisième édition actualisée

Ouvrage publié sous la direction de
Bernard Darbord

ARMAND COLIN

2-200-34112-1

SOMMAIRE

Amérique Latine politique

INTRODUCTION

L'Europe a fait de 1992 une date emblématique de ses relations avec l'Amérique dite latine : la commémoration du cinquième centenaire de l'arrivée de Christophe Colomb sur les côtes américaines a rappelé que, à partir de 1492, tout le continent s'est trouvé intégré au système de vie et de pensée occidental, ce que résume le titre du livre d'Alain Rouquié : *Amérique latine : introduction à l'Extrême Occident.* Mais l'attribution, en octobre de la même année, du prix Nobel de la paix à la Guatémaltèque Rigoberta Menchú – et, à travers elle, à toutes les minorités indiennes du continent –, rappelait aussi que le processus d'occidentalisation ne fut – et ne demeure – ni harmonieux ni intégral et qu'il remet en cause une unité supposée de l'Amérique latine.

Telle est l'orientation que nous souhaitons donner à cet ouvrage ; nous voudrions dégager, certes, les traits unitaires dominants qui font la spécificité du sous-continent : cinq siècles après que les caravelles de Christophe Colomb ont ouvert des territoires nouveaux à la curiosité intéressée de l'Occident, près de 500 millions d'hommes, à la fois exotiques et imprégnés de notre civilisation, parlent des langues d'origine latine ; ils ont appris à penser à partir de schémas qui font aussi partie de notre héritage, entretiennent avec le monde occidental – même si celui-ci regarde aujourd'hui plutôt ailleurs – des rapports économiques et culturels privilégiés. Mais il faut prendre en compte aussi le foisonnement culturel et les blocages sociopolitiques qu'a produits la « rencontre » ou le « choc » (question de point de vue) de 1492.

L'étudiant dispose de peu d'ouvrages de synthèse qui lui permettent de comprendre un sous-continent complexe. Historiens, sociologues, économistes et politologues lui offrent cependant des analyses spécialisées rigoureuses et documentées. Mais le champ latino-américain, dans son ampleur et sa diversité, réclame peut-être, en amont, une perspective d'ensemble où puissent prendre appui, ensuite, les curiosités propres à chacun.

C'est cette perspective que nous proposons ici. Il ne s'agit pas d'un livre d'Histoire – même si, à chaque étape, l'Histoire est indispensable pour

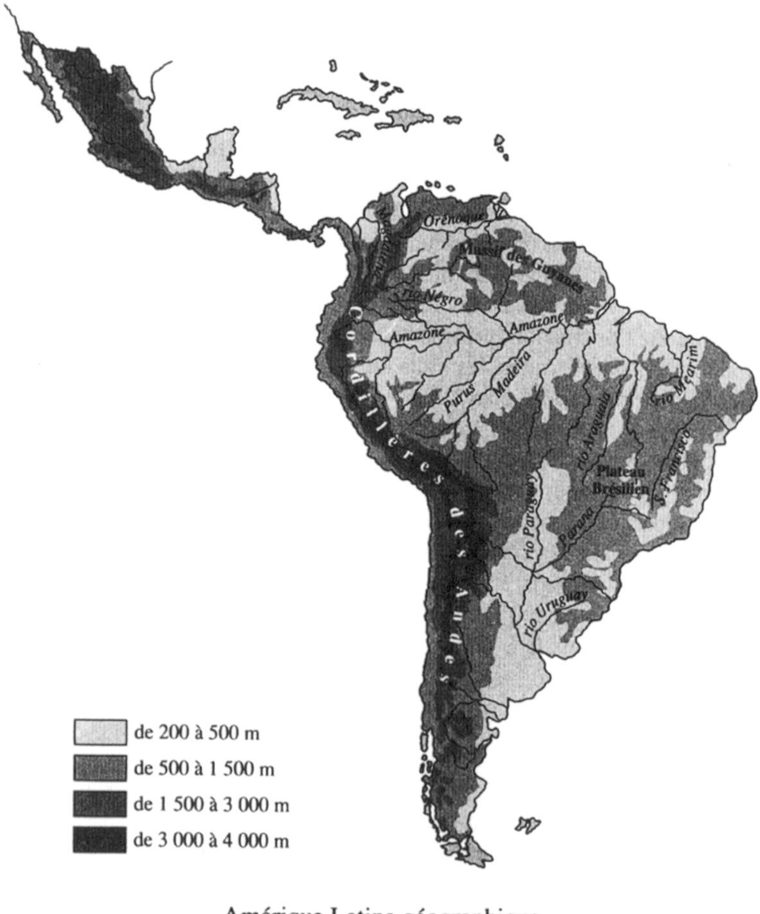

Amérique Latine géographique

saisir l'enchaînement des phénomènes. À l'orée du troisième millénaire, notre ambition est de rendre l'ensemble sous-continental dans son unité et sa diversité, accessible à la compréhension de l'étudiant : parfois égaré dans le labyrinthe des « Vingt Amériques latines[1] », il a besoin de repères qui lui permettent d'ordonner, de hiérarchiser, d'articuler entre eux phénomènes et données.

Nous prétendons donc moins communiquer un savoir qu'orienter la réflexion et la recherche ; les éléments factuels ou événementiels que l'on trouvera ici serviront d'exemples, significatifs mais non exhaustifs. Ils convient aussi, autant que faire se peut, d'écarter l'ethnocentrisme condescendant comme le militantisme passionnel, au profit d'une démarche explicative : les éléments d'Histoire propres au sous-continent devraient nous permettre de dégager les caractéristiques ethniques et culturelles des sociétés d'aujourd'hui, de mettre en évidence les graves difficultés économiques et sociales et leur articulation avec les dysfonctionnements politiques, pour éclairer ces perspectives l'une par l'autre. Nous souhaitons ainsi stimuler les réflexions et la curiosité de l'étudiant, l'encourager à les nourrir par des lectures complémentaires que la bibliographie annexée se propose de guider.

Et au-delà de son aspect utilitaire, ce livre voudrait suggérer que ce « monde » découvert par Christophe Colomb ne nous est pas entièrement étranger, et que le comprendre, c'est aussi comprendre celui qui est le nôtre.

1. Marcel Niedergang, *Les Vingt Amériques latines*, Seuil, 1969.

1

QU'EST-CE QUE L'AMÉRIQUE LATINE ?

1. Diversité

Le pluriel de l'expression « les civilisations latino-américaines » manifeste bien la difficulté, sinon à cerner, du moins à justifier la prise en considération d'un ensemble nommé « Amérique latine ». Qu'est-ce que l'Amérique latine ? Quels traits communs autorisent à ranger dans une même catégorie ce que, naguère, le journaliste Marcel Niedergang a appelé les « Vingt Amériques latines ? »

1.1 Sur le plan géographique

Les cartes géographiques répondent d'emblée que l'on regroupe sous ce terme la plupart des nations situées entre le Río Grande – qui dans l'hémisphère nord sépare les États-Unis du Mexique – et la Patagonie, à proximité du cercle austral. Toutefois, même si les géographes remarquent que la configuration continentale place la plus grande partie de l'ensemble sous l'influence climatique des tropiques, son allongement sur plus de 9 000 kilomètres, entre le 32e parallèle nord et le 56e sud, et sa morphologie diversifiée, des côtes antillaises luxuriantes aux cimes andines, des savanes vénézuéliennes aux déserts côtiers péruviens, créent une diversité régionale qui nie toute unité géographique.

1.2 Sur le plan ethnique, sociologique et politique

Les données ethniques ne sont pas plus homogènes : malgré l'exaltation, par le Mexicain Vasconcelos, par exemple, en 1925, de la *race cosmique* que pourrait incarner le métis, l'examen de photographies scolaires argentines, mexicaines et cubaines montrerait une disparité physique probablement plus accentuée en Amérique latine qu'en Asie ou en Afrique. On retrouve cette même disparité sur le plan sociologique puisque, partout, émergent des groupes humains dont le modernisme n'a rien à envier aux sociétés occidentales développées sans que, globalement, l'Amérique latine ait pu encore éradiquer des modes de vie qui évoquent, par leur archaïsme, certaines zones rurales africaines ou asiatiques. D'un point de vue politique, enfin, les tentatives de rapprochement inabouties depuis le congrès de Panama convoqué par le Libérateur Simon Bolivar en 1826 jusqu'aux efforts d'intégration actuels, ne dissimulent pas une fragmentation qui peut déboucher sur des conflits armés interrégionaux, comme la cruelle guerre frontalière de février 1995 entre le Pérou et l'Équateur.

2. Unité

2.1 Amérique latine *versus* Amérique saxonne

C'est ailleurs, donc, qu'il faut chercher ce qui rassemble *une* Amérique latine ; l'adjectif « latine » invite à la considérer comme une entité culturelle, qu'une histoire commune a pourvue de traits communs. On sait que, avec l'Afrique et une partie de l'Asie, le sous-continent latino-américain fait partie des régions que les organismes internationaux et la presse ont regroupées sous les termes successifs de pays sous-développés, pays en voie de développement, Tiers monde ou, aujourd'hui, de façon moins connotée, Sud. La plupart de ces pays ont en commun d'avoir été colonisés par les grandes puissances occidentales.

La colonisation de l'Amérique dite latine, la plus ancienne, est le fait, on le sait, de l'Espagne et – pour le Brésil – du Portugal qui surent tirer profit de la voie ouverte par Christophe Colomb, de la Floride au Chili. Si les explorations de l'Amérique du Nord suivirent de près, sa colonisation ne débuta véritablement qu'au début du XVIIe siècle, avec les émigrants anglais du *Mayflower*, et dans un autre contexte. L'histoire de la colonisation forgea ainsi deux Amériques : l'une au Nord est saxonne ; l'autre est culturellement ibérique – donc latine.

La plupart des historiens reprennent les analyses de l'essayiste péruvien du début de notre siècle, Mariátegui, pour montrer comment ces **deux processus de colonisation** ont profondément marqué les deux sous-continents du sceau de leurs cultures d'origine : au nord, les premiers colons anglais étaient, pour la plupart, des familles puritaines poursuivies pour des motifs religieux ; décidées à construire une société nouvelle, elles purent, grâce à leur dynamisme, leur morale du travail, leurs apports de capitaux, implanter des colonies de peuplement fondées sur une agriculture auto-suffisante, qui repoussa toujours plus loin vers l'ouest, jusqu'à la réserve ou l'extermination, les populations autochtones irréductibles à leurs formes de vie.

Dans l'Amérique ibérique il en alla autrement ; loin de développer l'esprit d'entreprise, la Reconquête territoriale et religieuse espagnole avait maintenu un esprit de croisade médiévale que les conquérants transportèrent avec eux dans le Nouveau Monde : l'exploit militaire et la conversion des indigènes étaient plus prestigieux que le travail de la terre et, par ailleurs, la découverte de métaux précieux, or puis argent, semblait pouvoir financer ces conquêtes tout en répondant aux ambitions individuelles des colons. La population autochtone représentait alors une réserve indispensable de main-d'œuvre pour l'agriculture et surtout pour le travail des mines ; les femmes indigènes durent satisfaire aussi les besoins sexuels des conquérants.

Si les colonies anglaises du nord s'efforcèrent donc de créer une société nouvelle, à l'écart de l'Angleterre comme des premiers occupants, au centre et au sud, la colonisation se proposait de transporter et de greffer les éléments de **culture ibérique** sur le terreau autochtone, en reproduisant institutions, modes de pensée et usages, et en s'efforçant, jusqu'à un certain point, d'imposer aux populations indigènes cette camisole de force, par le biais du travail forcé et de l'évangélisation.

Ethniquement, le résultat du double processus est connu : selon la formule expéditive, au nord, « le meilleur Indien est l'Indien mort » ; dans toute l'Amérique latine, les descendants des peuples indigènes, eux aussi, ont protesté contre la célébration du cinquième centenaire de 1492, en dénonçant le génocide dont furent victimes leurs ancêtres. Il est vrai que historiens et démographes ont mis en évidence une chute démographique brutale, au XVIe siècle : dans les Antilles, la population indigène fut anéantie en une génération ; au Mexique actuel, selon les Nord-Américains Borah et Cook, elle serait passée de 25 ou 11 millions avant 1519 – suivant les estimations – à 1 375 000 en 1595. Les causes en furent les guerres de conquête, certes, mais aussi le régime de travail imposé et surtout, croit-on aujourd'hui, la déstabilisation des sociétés et des cultures, et l'importation involontaire d'infections microbiennes inconnues sur le continent et contre lesquelles les Indiens ne disposaient pas d'anticorps. Mais le besoin qu'avaient les colons de main-d'œuvre empêcha que leur disparition fût délibérément programmée.

En revanche, les débats auxquels a donné lieu la célébration du cinquième centenaire ont amené bien des intellectuels latino-américains à revendiquer une **identité *métisse***, culturelle sinon biologique, mais féconde en prolongements, et ainsi à réhabiliter le processus qui l'a rendue possible, la Rencontre de deux mondes, qui, selon eux, fait toute la spécificité de l'Amérique latine. C'est donc bien l'Histoire, l'organisation du peuplement, de la colonisation matérielle et culturelle qui, à l'échelle du sous-continent, a doté d'un certain nombre de caractéristiques communes l'Amérique dite latine.

2.2 Nommer

L'expression « Amérique latine » rappelle donc la colonisation et est mal perçue par les intéressés qui ne s'y reconnaissent pas ; elle est d'ailleurs récente et marquée politiquement. Mais, depuis sa « découverte », le continent n'a pas cessé d'être dépouillé de son identité propre par le regard ethnocentriste des Européens, qui ne l'ont nommé que pour le réduire à eux-mêmes.

Le désir de Colomb d'atteindre l'Asie par l'ouest perpétua l'erreur géographique et fit qu'on le désigna longtemps sous le terme **« les Indes »** ou « les Indes occidentales », faisant ainsi de ses premiers habitants des Indiens. La perspective géographique du colonisateur espagnol le fit baptiser *Ultramar* – mais on s'efforça aussi d'y reproduire l'Espagne par la toponymie : Nouvelle-Espagne, Nouvelle-Galice, Nouvelle-Grenade, et bien des villes coloniales du sous-continent ont été baptisées des noms de villes espagnoles. Les utopies qui, au XVIe siècle, rêvaient de reconstruire outre-Atlantique des sociétés parfaites, en firent le « Nouveau Monde », espèce de « table rase » où tout semblait pouvoir être créé par une Europe qui abolissait ainsi des civilisations originales, admirées par les conquérants dans le moment même où ils les anéantissaient. Lorsque enfin un nom propre s'imposa, ce fut celui d'un navigateur florentin de deuxième grandeur, Amerigo Vespucci, qui, vers 1500, parvint au sud du continent, mais eut surtout le mérite de comprendre et d'écrire le premier que ces terres n'étaient pas l'Asie, mais un monde nouveau – pour les Européens, s'entend.

Après le siècle des Indépendances, les désignations se multiplièrent, au gré des préoccupations politiques[1] ; les Latino-Américains s'efforçaient parfois de répondre aux États-Unis du Nord qui commençaient à monopoliser le nom d'« Amérique » : « Notre Amérique », disait le patriote cubain José Martí, et plus tard les termes « Indoamérique », voire « Indo-afro-Ibéroamérique » prétendirent prendre en compte toutes les dimensions ethnoculturelles du sous-continent. Néanmoins, à l'extérieur, les termes les plus employés restèrent ceux qui marquaient la relation originelle avec les peuples colonisateurs : « Amérique hispanique », né du souci de l'Espagne de préserver ses liens avec ses anciennes possessions ; « Amérique ibérique », notion plus large puisqu'elle englobe l'héritage portugais qu'est le Brésil ; enfin **« Amérique latine »**.

C'est donc « Amérique latine » qui devait s'imposer ; le concept, né d'un besoin d'unification, se généralisa en France, dans l'entourage de Napoléon III, vers 1860. Il s'agissait d'affirmer ainsi une parenté des nations latines et catholiques dans le contexte d'une lutte d'influence contre la montée en puissance des États-Unis d'Amérique du Nord, lutte qui devait provoquer aussi la désastreuse intervention française au Mexique. Plus tard, l'expression fut reprise, et s'imposa, notamment de nos jours, dans les grands organismes internationaux. Quoique peu satisfaisant par tout ce qu'elle exclut, elle exprime, en même temps que la nécessité d'une intégration continentale, un héritage culturel, fruit d'une histoire.

2.3 L'Histoire

Mais cette histoire, faut-il le rappeler, est bien antérieure à la « Rencontre » avec les Européens ; elle avait produit, de façon autonome et relativement cloisonnée du fait du relief, des civilisations qui avaient su apporter des réponses intelligentes aux impératifs géographiques et climatiques : agricul-

1. Rojas Mix (Miguel), *Los cien nombres de América*, Barcelona, éd. Lumen, 1991.

ture du maïs, mesure du temps par des calendriers perfectionnés, organisation sociale, grands travaux, systèmes d'écriture plus ou moins élaborés, cosmogonies. Quoique le peuplement du continent, venu d'Asie par l'Alaska à l'époque de la dernière glaciation, fût récent, certaines de ces civilisations avaient atteint un degré de développement remarquable, attesté par les innombrables traces archéologiques qui font le bonheur des touristes d'aujourd'hui et par l'émerveillement des conquérants-chroniqueurs : les dernières de ces civilisations, déjà décadentes au XVe siècle, celle des **Aztèques** sur le plateau mexicain ou des **Incas** des Andes, n'étaient sans doute pas les plus accomplies.

Après 1492, le continent, jusqu'alors isolé, entra en contact avec l'Occident, et fut incorporé, par le biais de la **colonisation espagnole et portugaise**, au vaste système économique qui, en cette aube des Temps modernes, se mettait en place. Il le dynamisa : les métaux précieux américains allaient stimuler les échanges et donc la production en Europe, et enrichir sinon l'Espagne en tout cas les puissances européennes rivales qui surent tirer profit de leur commerce pour développer une industrie naissante.

L'Amérique, cependant, restait en dehors de ce développement puisque le système colonial centrait la production sur les besoins des métropoles, en maintenant un contrôle administratif et intellectuel rigide qui bloquait toute initiative et faisait obstacle à la communication entre les diverses régions. L'Amérique ibérique, tout en recevant de la péninsule ses structures matérielles et mentales, ne pouvait les faire évoluer ; elle restait à l'écart, pour l'essentiel, des progrès de l'Occident : le développement de l'économie de marché, la « révolution industrielle » naissante, l'évolution de la pensée politique et religieuse n'y pénétrèrent que peu ou pas. Ces trois siècles de stagnation devaient handicaper lourdement son avenir.

Dans la deuxième décennie du XIXe siècle la plupart des colonies espagnoles d'Amérique rompirent leurs liens avec la métropole – Cuba, cependant, d'un intérêt particulier pour l'Espagne, mais aussi pour les États-Unis tout proches, et Porto-Rico faisaient exception. Les artisans de ces **indépendances** étaient pour la plupart des *criollos*, c'est-à-dire des descendants de colons espagnols, nés en terre américaine et d'autant plus conscients de leurs racines que le système colonial les écartait des organismes de pouvoir au profit d'administrateurs venus de la péninsule. Le Brésil, pour sa part, se détacha du Portugal pacifiquement. L'Indépendance fut donc d'abord une récupération de pouvoir par les élites locales et, chez les plus lucides, la volonté de doter leurs patries d'une capacité de décision, d'un droit de s'organiser de façon autonome en vue du bien public ; mais elle ne fut pas une révolution sociale, même au Mexique où les prêtres Hidalgo et Morelos s'appuyèrent sur des troupes populaires.

L'héritage de cette naissance difficile pesa lourd sur l'évolution des jeunes républiques ; d'abord l'Indépendance confirma une organisation sociale pyramidale très hiérarchisée et grosse de frustrations : l'histoire du XIXe siècle, ponctuée de révoltes, de *cuartelazos* (littéralement « coups de caserne ») et de guerres civiles, en est la manifestation ; ensuite, les jeunes nations hispaniques ne purent effacer la fragmentation régionale qu'avait établie la métropole ni s'unir pour faire face à la cohésion menaçante des États-Unis du Nord ; enfin, alors qu'elles parvenaient à se libérer de la tutelle espagnole, elles ne surent pas repousser les avances intéressées des grandes puissances – Grande-Bretagne d'abord, États-Unis ensuite surtout – qui, par des prêts, prises de concessions et investissements, réussirent à établir une nouvelle forme de **colonisation économique**.

Cette nouvelle dépendance s'institutionnalisa au tournant des XIXe et XXe siècles, grâce à l'appui des minorités locales qui en étaient bénéficiaires. Mais sous la pression des embryons de bourgeoisies nationalistes et des majorités sacrifiées, les explosions sociales et les tentatives de récupération d'autonomie et de démocratie – la grande révolution mexicaine de 1910 en est l'exemple le plus spectaculaire – alternaient avec les dictatures autoritaires soutenues, au besoin, par des expéditions militaires[2] : utilisant comme instrument de légitimation la fameuse doctrine de Monroe qui datait de 1824 (« L'Amérique aux Américains »), les États-Unis multiplièrent le « gros bâton » des interventions armées pour protéger leurs intérêts dans leur sphère d'influence. Après la deuxième guerre mondiale le contexte de guerre froide radicalisa le processus au nom d'une lutte contre le « communisme » qui condamnait toute réforme interne, nationalisations ou réformes agraires notamment, comme au Guatemala en 1954.

2. Cf. Chronologie en annexe.

Cependant la révolution cubaine, en 1959, prit les États-Unis au dépourvu et implanta durablement, à quelques encablures de leurs côtes, un foyer anti-impérialiste qui moralisa l'île en récupérant les richesses nationales et en développant un système de santé et d'éducation resté longtemps sans égal en Amérique latine, malgré l'embargo économique, avec l'appui de l'Union soviétique jusqu'à son éclatement.

Les États-Unis ne réussirent pas à reprendre la situation en main et, croyant leur prépondérance menacée sur le continent par les tentatives cubaines d'exporter la révolution pour mieux l'assurer, réagirent par deux stratégies opposées et complémentaires : d'une part l'Alliance pour le Progrès lancée par le président Kennedy en 1961 prévoyait des plans de développement pour saper les bases des guérillas qui se multipliaient sur le continent ; d'autre part une politique antisubversive aboutit à l'installation de dictatures qui garantissaient l'ordre et la stabilité. Dans les petits pays très sous-développés d'Amérique centrale et des Caraïbes, que leur proximité géographique rendait particulièrement importants pour les intérêts nord-américains, ces « gouvernements de fait » prirent souvent la forme de longues dictatures personnelles, archaïques, voire héréditaires (les Somoza au Nicaragua, les Duvalier à Haïti). Dans les pays plus développés, où une conscience nationale avait pu naître, des régimes plus progressistes parvinrent au pouvoir : cette pression populaire avec son exigence de démocratie retourna à nouveau le balancier, et, dans les années 70, fit basculer l'un après l'autre les pays d'Amérique du Sud dans des dictatures militaires qui écrasèrent cruellement la « subversion » : le cas du Chili, où le gouvernement socialiste élu de Salvador Allende fut renversé brutalement par l'armée, en 1973, est bien connu. L'une après l'autre, cependant, ces dictatures, débordées par la pression nationale et internationale, et incapables de faire face à la crise économique montante, abandonnèrent à leur tour la place au début des années 80.

Depuis lors, on le verra, tout le continent, en proie à une **situation interne critique** à laquelle ce lourd contentieux n'est pas étranger, cherche des solutions de rechange. Depuis le début des années 90, il croit en trouver dans une ouverture sur l'extérieur librement consentie. Le temps dira si là est son avenir.

2

L'AMÉRIQUE LATINE ET SES POPULATIONS

Au fil de l'Histoire, sont parvenues sur le continent des vagues migratoires successives qui ont progressivement formé les populations latino-américaines d'aujourd'hui, avec leurs caractéristiques démographiques et ethniques et leur distribution à travers l'immensité du territoire.

1. Quelques éléments démographiques

Les données statistiques concernant les vingt nations latines d'Amérique, pour 1998, donnent le chiffre global de 487,8 millions de personnes (*cf. tableau 1* en annexe), auquel il faudrait ajouter la population d'origine ibérique disséminée aux États-Unis, et estimée à environ 30 millions de personnes.

En 1974, sous l'égide de l'Organisation des nations unies, s'est tenue à Bucarest la première Conférence internationale sur la population, qui a mis en évidence l'opposition radicale entre les pays occidentaux et la plupart des pays du « tiers monde » : les premiers s'alarmaient de l'**« explosion démographique »** qu'ils constataient chez les seconds et réclamaient d'eux, pour la freiner, un strict contrôle des naissances ; alors que l'Amérique latine, avec le tiers monde, s'indignait d'une position qu'elle jugeait malthusienne, et affirmait son droit à renforcer sa puissance dans le monde et face à ses voisins grâce à sa population. Le problème, pour les pays dits « en voie de développement », était moins démographique qu'économique ; pour eux, seule la croissance économique et une équitable répartition des richesses, en assurant un meilleur niveau de vie, parviendraient à abaisser les taux de natalité : « Le meilleur contraceptif, c'est le développement » (*Le Monde*, 12 août 1984).

Mais la lenteur de ce processus de développement, puis les conséquences de la crise économique ont amené les pays concernés à soutenir la baisse des taux de natalité par des politiques volontaristes de **limitation des naissances** ; cette nouvelle position s'est affirmée lors de la deuxième Conférence internationale sur la population qui s'est tenue à Mexico en 1984. Déjà le Mexique lui-même s'était donné comme but de ramener sa croissance démographique annuelle très élevée – 3,2 % en 1974 – à 1 % à la fin du siècle (de 2,6 % en 75-80, elle est passée à 1,6 en 1996) et, dans l'ensemble du continent, la fécondité – c'est-à-dire le nombre moyen d'enfants par femme en âge de procréer – et donc le rythme annuel d'accroissement de la population commençaient à baisser de façon significative (*cf. tableau 1* en annexe).

1.1 Les taux de croissance démographique

Car là sans doute se situe le véritable problème : les densités moyennes (nombre d'habitants au km^2), certes, semblent signifier que l'Amérique latine n'est pas surpeuplée au sens strict du terme ; ce sont même des territoires peu peuplés si on les compare à l'Europe (*cf. tableau 1* en annexe) ; cependant la population globale a triplé en deux générations et cette croissance démographique plus rapide que l'accroissement des richesses compromet une élévation des niveaux de vie dans les mêmes proportions ; paradoxalement, l'amélioration relative des structures de santé et donc de certains indicateurs sociaux dans la plupart des pays – baisse de la mortalité générale et de la mortalité infantile en particulier – contribue à maintenir des taux de croissance démographique élevés.

Des **obstacles d'ordre culturel** freinent également cette limitation des naissances, même lorsque sont lancées des campagnes d'information, comme celle baptisée au Mexique « Paternité responsable » : dans un continent très majoritairement catholique, le refus du Vatican d'admettre toute autre méthode contraceptive que « naturelle » est un obstacle puissant à la politique de limitation des naissances ; d'autre part, même si les mentalités évoluent rapidement, la conception qu'avaient encore naguère bien des hommes de leur virilité – le fameux *machismo* – a favorisé les familles nombreuses, légitimes ou illégitimes. Cette attitude tend à disparaître, dans les villes notamment où l'information est la plus disponible, mais dans certaines zones rurales isolées l'ignorance, la force de la tradition, ainsi que l'éloignement des centres de santé freinent encore la baisse de la natalité.

Un autre obstacle est l'absence ou l'**insuffisance des mesures de protection sociale** : devant l'aggravation du chômage et du sous-emploi, la précarité ou l'inexistence de systèmes de retraite et de sécurité sociale, l'enfant peut parfois apparaître, dans des sociétés encore très soudées par la solidarité familiale, comme une force de travail de remplacement et une assurance contre un avenir incertain.

Aussi la population latino-américaine est-elle **majoritairement jeune** : l'espérance de vie, plus réduite que dans les pays industrialisés (elle est de près de 78 ans en Espagne), oscille entre 66 et 75 ans, mais elle dépend des niveaux de vie : si elle n'est que de 61 ans en Bolivie et de 55 ans en Haïti, pays très pauvres, elle dépasse 75 ans au Costa-Rica et à Cuba (*cf. tableau 1* en annexe) ; rares sont donc les personnes âgées de plus de 60 ans ; en revanche, les moins de 15 ans (qui forment 15 % de la population espagnole) constituent en Amérique latine une proportion qui va de 24 % à 43 % de la population totale. Tout voyageur en Amérique latine est frappé par l'omniprésence de l'enfant dans le spectacle de la rue.

Cette caractéristique est, certes, une manifestation de vitalité, une promesse pour l'avenir ; mais cette jeunesse ne pourra devenir à son tour productive sans les structures matérielles indispensables à son épanouissement : logement, santé, éducation puis emploi. La difficulté de satisfaire ces besoins grève lourdement les possibilités de développement des individus et des collectivités auxquelles ils appartiennent. Ainsi le problème démographique, en Amérique latine, réside-t-il moins dans le chiffre de la population que dans une croissance encore trop rapide.

1.2 Les déséquilibres démographiques

Les tableaux statistiques font apparaître, par ailleurs, des situations très diverses, qui créent de profonds déséquilibres démographiques.

• La **configuration géographique du continent** en est un premier facteur d'explication : il se déploie sur une échelle dont l'**ampleur** a frappé tous les voyageurs européens. Le sous-continent latino-américain, plus vaste que l'Europe et l'Afrique réunies ou que les États-Unis et le Canada réunis (20 millions de km^2, soit 16 % des terres émergées), possède quelques-uns des plus grands fleuves du monde (l'Amazone, l'Orénoque, le Paraguay) ; des systèmes montagneux parmi les plus élevés de la planète (le Chimborazo, en Équateur, culmine à 6 257 mètres et au Chili l'Aconcagua atteint presque 7 000 mètres) ; de vastes déserts, au nord du Mexique ou en Terre de Feu ; une forêt, l'Amazonie, encore considérée comme « le poumon du monde », mais presque vide d'habitants. Autant d'éléments naturels démesurés, dont certains sont des sources de richesse mais que l'homme n'a pu totalement domestiquer, comme en témoignent aussi les cyclones, tremblements de terre ou éruptions volcaniques. Cette morphologie complexe, où les communications étaient difficiles avant l'ère de l'aviation, explique l'existence d'immenses espaces sous-peuplés, notamment à l'intérieur du continent : les vastes *pampas* et les régions australes désolées de Patagonie expliquent en partie que la densité moyenne de l'Argentine ne dépasse pas 11,5 habitants au km^2. D'autres régions, en revanche, plus propices à la vie de l'homme, comme certaines côtes, ont vu s'implanter un tissu de peuplement plus dense.

• Car l'**Histoire**, celle de la colonisation et de la mise en exploitation du territoire, en déterminant de grands courants migratoires, à partir de la fin du XVe siècle et jusqu'à nos jours, a également joué un rôle important dans la formation de foyers de peuplement relativement circonscrits géographiquement. Selon les spécialistes on distingue *grosso modo* **plusieurs formes de colonisation**. Ainsi, les colonies fondées sur les échanges commerciaux pratiqués dans les comptoirs, que les Portugais, par exemple, créèrent au début du XVIe siècle sur les côtes atlantiques de l'Afrique ou dans l'océan Indien, n'incitaient pas à une véritable occupation du sol : les apports de population y furent donc limités. En revanche, l'exploitation du continent américain prit la forme de colonies de plantation ou d'exploitation, fondées sur l'agriculture ou l'extraction – canne à sucre au Brésil, produits miniers au Pérou ou au Mexique – qui exigeaient une implantation stable de colons, une main-d'œuvre importante et contribuèrent ainsi aux formes du peuplement ; il en fut de même pour les colonies de peuplement créées plus tard dans les régions tempérées par l'immigration européenne.

Ainsi, dans les trente premières années de la conquête du territoire (1492 à 1520 environ), les Européens prirent possession des îles antillaises. La mise en exploitation de la Hispaniola (aujourd'hui Haïti et la République dominicaine) et de Cuba, mais aussi le rôle de base ou de relais vers d'autres conquêtes que leur permettait de jouer leur situation d'avant-poste du continent, favorisèrent un peuplement immédiat et rapide – quoique instable – des Antilles, dont on constate encore les effets aujourd'hui, à travers des densités très élevées (Cuba : 99,8 habitants au km^2 ; République dominicaine : 166,2 ; Haïti : 266,5 – *tableau 1* en annexe). Des Antilles, bientôt, les Européens essaimèrent pour aller chercher fortune dans les vastes territoires continentaux qui s'offraient à leur convoitise, et en particulier auprès des sociétés organisées et prospères que les Amérindiens avaient développées sur les plateaux méso-américain et andin pour, dès le XVIe siècle, incorporer ces deux noyaux de peuplement *mexica* et *inca* à de nouvelles formes d'implantation territoriale.

Sur les côtes caraïbes, de l'isthme centre-américain au littoral brésilien, le peuplement se poursuivit, plus ou moins dense en fonction des formes prises par la mise en exploitation coloniale. Le dernier grand centre de peuplement, le plus tardif puisqu'il date de la deuxième moitié du XIXe siècle, fut le Río de la Plata, demeuré jusqu'alors un vaste territoire presque désert. Les grands foyers géographiques de peuplement sont ainsi, encore aujourd'hui, en grande partie la conséquence des pratiques coloniales ou des formes prises par le développement économique.

Mais les processus d'évolution des groupes humains ont également contribué aux déséquilibres dans l'occupation de l'espace : la diversité des activités économiques, au XXe siècle surtout, on le verra, a progressivement chassé l'homme des zones les plus hostiles ou les moins rentables, vers celles qui semblaient offrir des formes de vie plus séduisantes. Ces pôles d'attraction, les villes en particulier, ont ainsi accéléré les déséquilibres du peuplement que l'on constate actuellement à l'intérieur de chacune des entités nationales.

2. Les stratifications ethniques

Les divers foyers de peuplement se sont donc formés par l'apport successif de grands courants migratoires d'origines diverses. Aussi convient-il de les étudier d'un point de vue ethnique.

2.1 Les populations amérindiennes

Il est admis, aujourd'hui, que les populations autochtones, que l'on dit « indigènes » et que nous appelons « amérindiennes », ne sont pas originaires du continent : leurs ancêtres y sont sans doute parvenus à l'époque des dernières grandes glaciations qui, en reliant l'extrémité orientale de l'Asie au nord-ouest du continent américain, ont permis leur passage par le détroit de Béring il y a peut-être 30 000 ans. En effet, la datation approximative, grâce au carbone 14, de trouvailles archéologiques – restes de bisons et d'outils – permet de suivre ces **chasseurs nomades** dans la recherche de nouveaux territoires de chasse. Elle dessine leur progression, très lente, du nord au sud, à travers tout le continent : ils seraient ainsi apparus au nord du continent au XXe millénaire avant Jésus-Christ, pour parvenir en Amérique du Sud vers 14 000 avant J.-C.

Les fouilles montrent ensuite la sédentarisation de ces groupes humains, lorsqu'ils eurent appris à cultiver une céréale qu'ils avaient trouvée à l'état sauvage, le **maïs** : ils fondèrent sur elle leur vie matérielle et intellectuelle (cf. *infra*, chap. 3) comme l'Asiatique le fit à partir du riz et l'Européen du blé. Les spécificités régionales, sans doute, créèrent des développements différenciés, malgré des caractéristiques communes, et firent obstacle à l'intégration des divers groupes.

• **Sur les hauts plateaux, les bassins, les plaines,** où l'homme précolombien pouvait pratiquer l'agriculture, il dut se regrouper et structurer son organisation sociale ; il put ainsi prospérer, gagner du terrain et développer les grandes cultures de l'*altiplano* (haut plateau) andin, des forêts de l'Amérique centrale et du plateau mexicain. Mais, paradoxalement, la rigidité de ces sociétés, leur extrême hiérarchisation furent, lors de la conquête, un facteur de leur défaite : les conquérants surent utiliser à leur profit les blocages et dissensions de ces groupes humains pour éliminer les élites et soumettre les masses, devenues main-d'œuvre, au régime colonial. Dans ces régions – Mexique, Guatemala, Équateur, Pérou, Bolivie –, malgré une chute démographique brutale dans le premier siècle de la conquête, les descendants des Amérindiens, plus ou moins assimilés et métissés, forment encore une partie importante de la population.

• En revanche, **dans les forêts, les savanes** où l'homme pouvait vivre de la chasse et la cueillette, il ne construisit pas de sociétés structurées et les densités de population restèrent basses ; mais il sut mieux d'abord et parfois durablement échapper au piège colonial : l'hostilité même d'une géographie qui l'empêchait de se sédentariser lui fournissait des échappatoires. Ce fut le cas, par exemple, dans les actuelles régions frontalières entre les États-Unis et le Mexique, où les fameux Indiens Apaches et Comanches résistèrent aux colonisateurs – en s'appropriant l'usage du cheval et des armes à feu – jusqu'à ce que la construction du chemin de fer les privât de refuge et les condamnât à la disparition. Ce fut le cas, aussi, des Indiens du Río de la Plata, avant que les « campagnes du désert » – euphémisme pour désigner la chasse à l'Indien – dans la deuxième moitié du XIXe siècle, ne les anéantissent pour faire place aux immigrants européens. Au Chili, les Indiens Mapuches résistèrent vaillamment et longuement à la domination espagnole et ne purent survivre qu'en se retirant jusque dans les régions désolées du sud austral. Ainsi, des groupes humains qui avaient survécu en conservant énergie et dynamisme dans des conditions de vie difficiles, devaient disparaître presque totalement, incapables de résister à la pression et à la technique occidentales du XIXe siècle.

• **Dans les îles antillaises,** les conditions climatiques exceptionnellement favorables et la luxuriance de la végétation n'obligeaient pas les autochtones à lutter pour leur survie, et Christophe Colomb y découvrit des hommes – les *tainos* – proches de l'état de nature, qui ne surent ou ne purent résister à leurs envahisseurs ; ils furent, en vingt ans, exterminés par les rigueurs du système d'exploitation et les maladies importées. Il n'est donc pas surprenant qu'il n'y ait pas trace, aujourd'hui, des premiers occupants des Antilles dans leur population.

Ainsi la présence des Amérindiens dans la population latino-américaine aujourd'hui est-elle le résultat de plusieurs facteurs : degré d'évolution et conditions de vie des différents groupes, capacité d'assimilation et de soumission au régime colonial, notamment. Ce sont aussi les besoins de la colonisation qui stimulèrent les flux migratoires successifs.

2.2 Les flux migratoires

• Dès les premières années du XVIe siècle, l'extinction des populations autochtones, que les colons espagnols considéraient comme indispensables à l'exploitation coloniale, incita ceux-ci à trouver une main-d'œuvre de remplacement. L'**importation d'esclaves africains**, déjà utilisée en Méditerranée et pour la colonisation des îles Canaries, apparut alors comme une solution. Les mentalités de l'époque ne la jugeaient pas intolérable ; elle était même recommandée par certains défenseurs des Indiens, l'Africain étant jugé plus résistant et plus apte au travail (sa « rentabilité » était estimée à sept ans). Bientôt, les navires de la traite négrière sillonnèrent l'Atlantique, déversant sur les côtes américaines leurs cargaisons de « bois d'ébène » – selon l'expression employée alors – provenant du golfe de Guinée, d'Afrique occidentale ou centrale. On estime qu'entre 1450 et 1900 de 9 à 10 millions d'hommes furent ainsi déportés vers l'Amérique – avec un taux de mortalité très élevé lors des terribles traversées – dont au moins 3 millions en Amérique latine, et particulièrement au Brésil.

À la fin du XVIIIe siècle, la révolution industrielle et ses techniques firent préférer la main-d'œuvre « libre » et spécialisée à l'esclave, en même temps que la Révolution noire de Haïti montrait les dangers de l'institution ; la Grande-Bretagne imposa la suppression de la traite et l'esclavage perdit de son importance, puis fut progressivement aboli, en 1888 au Brésil, à la fin du siècle à Cuba. Les travailleurs asiatiques et européens remplacèrent bientôt les Noirs dans les plantations.

En effet, les régions qui avaient reçu l'apport ethnique africain, les « Amériques noires », étaient d'abord les territoires de plantation. Dans les Antilles, les esclaves avaient remplacé les autochtones et supplanté bientôt en nombre les Européens ; le fait est bien visible aujourd'hui, parmi une population majoritairement noire – Haïti – ou mulâtre – Cuba, Porto-Rico, la République dominicaine. Mais toute la Caraïbe, la Colombie et, au-delà, les côtes atlantiques, du Brésil jusqu'au sud des États-Unis, créèrent aussi une agriculture de plantation sur la base de l'esclavage des Noirs, qui atteignit même, indirectement, le Pérou. Dans les régions dont le climat tropical leur était propice les descendants de ces esclaves purent s'adapter, et cette composante ethnique est manifeste, dans des proportions variables, parmi les populations brésilienne, colombienne, centre-américaine et même mexicaine.

• Les **colons ibériques** suivirent les traces de Colomb, les Portugais vers le Brésil, les Espagnols dans le reste du continent, suivant le partage effectué sous l'autorité de la Papauté. Le mirage d'un *Eldorado*, alimenté par de sporadiques découvertes de métaux précieux, puis les espoirs créés par l'agriculture et le négoce attirèrent pendant plusieurs siècles les laissés-pour-compte de la Péninsule, vers les zones successives de développement, des mines d'argent mexicaines au commerce cubain. Les spécialistes estiment à 0,5 million le nombre d'Espagnols qui allèrent s'établir en Amérique de 1493 au milieu du XVIIe siècle. Fonctionnaires et religieux au service de la Couronne et de l'Église, mais aussi paysans sans terre d'Andalousie, de Vieille-Castille, d'Estrémadure, ils s'implantèrent surtout sur les sites déjà mis en valeur par des sociétés organisées précolombiennes et où d'importants foyers de population autochtone leur assuraient la main-d'œuvre nécessaire à l'exploitation des mines et à l'agriculture : le plateau Mexica, où sur l'emplacement même de l'ancienne Tenochtitlan ils fondèrent Mexico, capitale de la Nouvelle-Espagne, en est le meilleur exemple. Mais les indispensables échanges commerciaux avec les métropoles entraînèrent également le peuplement des côtes où furent créés des ports (Veracruz, Cartagena, Bahia, Rio de Janeiro, Valparaiso, Callao, Acapulco), puis des grands axes de communication routiers ou fluviaux. Les zones de l'intérieur du continent, en revanche, reçurent peu d'immigrants et restèrent presque vides. Ces péninsulaires et leurs descendants – la composante européenne latine de la population latino-américaine actuelle –, d'abord soucieux de préserver un statut qui les privilégiait, s'attachèrent progressivement à leur terre d'accueil et acquirent une identité américaine qu'a longtemps exprimée le terme *criollo* – en portugais *crioulo*[1].

• À ces premiers colons ibériques, après que les Indépendances eurent ouvert les portes du continent, s'ajoutèrent, au gré des aléas de l'Histoire,

1. Paradoxalement, le mot *crioulo* – de *criar* : élever – désigna d'abord l'esclave né dans la maison de son maître, puis le noir né dans la colonie.

d'autres groupes de nouveaux venus. Au début du XIXe siècle, l'explosion démographique, politique et économique en Europe déversa sur l'Amérique des vagues successives d'immigrants : ce fut « la ruée vers l'or » en Californie, précisément l'année – 1848 – où les États-Unis annexaient ce territoire d'abord mexicain ; le développement de la culture du café, dans la région de São Paulo, au Brésil, attira aussi des vagues d'immigrants venus remplacer les esclaves noirs, des **Japonais** notamment ; ceux-ci étaient également nombreux sur les côtes du Pacifique : le président péruvien Fujimori est l'un de leurs descendants.

On estime que, depuis le premier tiers du XIXe siècle, 12 millions d'immigrants européens ont fait souche en Amérique latine – soit beaucoup moins qu'aux États-Unis, du fait des difficultés d'adaptation au climat, des troubles politiques ou de la concurrence de la main-d'œuvre locale. Par affinité linguistique, les Méditerranéens se sont adaptés plus facilement et, dans le dernier quart du XIXe siècle, Espagnols et **Italiens** surtout sont venus s'implanter dans le Río de la Plata. Entre 1876 et 1915, les Italiens étaient 3 millions au Brésil et en Argentine, et l'on estime que 15 à 18 des 32 millions d'Argentins actuels ont des ancêtres italiens : on retrouve leurs traces dans nombre de patronymes argentins ou uruguayens et leur rôle est important dans certaines branches de l'économie ; on connaît la plaisanterie : « Tous les hommes descendent du singe, sauf les Argentins qui descendent d'un bateau. »

Si à la suite des guerres d'Indépendance les **Espagnols** furent souvent chassés des jeunes nations, l'immigration originaire de la péninsule reprit, massive, à la fin du siècle : on estime que 3,3 millions d'Espagnols venus majoritairement de Galice allèrent chercher fortune, de 1880 à 1930, à Cuba d'abord (Fidel Castro a des origines galiciennes), puis en Argentine dans les premières années du XXe siècle ; une minorité, les *indianos*, revenaient fortune faite mais la plupart d'entre eux firent souche. La Guerre civile espagnole provoqua une nouvelle forme d'exil, politique celle-là : au moins 30 000 Espagnols, des intellectuels souvent, trouvèrent refuge en Amérique latine, au Mexique surtout.

• D'**autres courants migratoires** furent plus ponctuels ; citons les « Barcelonnettes », du nom d'un village français des Alpes du sud qui, depuis le début du XIXe siècle et pendant plus de cent ans, envoya au Mexique, à la suite de trois frères colporteurs, une grande partie de ses habitants créer le commerce de « nouveautés », puis les grands magasins de Mexico. Dans le « cône sud », ce sont les *Turcos* qui jouèrent ce rôle, des Syriens ou des Libanais, en fait, plutôt que des Turcs ; le président argentin Menem est l'un de leurs descendants. Dans les dernières années du XIXe siècle, s'établirent également dans la pampa argentine des colonies agricoles formées de Juifs russes qui, en pionniers, firent prospérer une terre encore vierge : ce sont les « gauchos juifs » qui, pour la plupart, s'installèrent plus tard dans les villes, où les rejoignirent les Juifs d'Europe centrale chassés par le nazisme.

Ces courants migratoires, on le voit, sont surtout liés aux possibilités de promotion sociale offertes par l'Amérique latine à la fin du XIXe siècle et dans les premières décennies du XXe. Ils diminuèrent ensuite en importance et, à partir des années 60, le flux migratoire s'inversa : victimes des dictatures et de la crise économique, nombreux furent les Latino-Américains, du « cône sud » surtout, qui revinrent vers la vieille Europe, en France ou en Espagne… Mais, du XVIe au XXe siècle, la variété des apports ethniques et leur fusion relativement réussie contribuèrent à l'originalité des populations latino-américaines.

2.3 Les métissages

Pour les raisons évoquées, la colonisation de type comptoir en Afrique et en Asie ou les colonies de peuplement qui sont caractéristiques de l'Amérique du Nord et, au sud, du Río de la Plata, n'ont pas (ou peu) produit les métissages intensifs qui caractérisent d'importantes zones latino-américaines. On trouve ces métissages en particulier dans les régions où l'existence de sociétés précolombiennes structurées – Mexique, plateau andin – puis le besoin de main-d'œuvre ont relativement permis la survie de groupes autochtones et, progressivement, leur fusion avec les autres groupes ethniques.

Le métissage se produisit dès les premières années de la découverte. En effet, malgré les efforts des métropoles pour attirer en Amérique ibérique des couples constitués, susceptibles de s'enraciner et de stabiliser la colonisation, fort peu nombreuses furent d'abord les femmes qui se risquèrent au voyage transatlantique, et les colons étaient surtout des hommes jeunes, souvent célibataires ; les textes officiels enjoignant aux conquérants et colons de ne pas faire violence aux femmes indigènes attestent que les viols étaient chose courante. Mais il est significatif que ces mêmes textes autorisent et recommandent le mariage entre Espagnols et Indiennes, témoignant ainsi une relative absence de discrimination raciale. On sait, toutefois, que la plupart de ces **unions interethniques**, ainsi que celles entre Européens et Noires, restèrent le plus souvent, dans les faits, illégitimes et précaires.

On voit ainsi que les accouplements se pratiquèrent longtemps unilatéralement : l'homme européen avec la femme indienne (moins souvent noire). L'union emblématique, à cet égard, fut celle du conquérant du Mexique, Hernán Cortés, avec la Malinche qui fut son interprète, sa concubine (avant qu'il ne la cède à un de ses officiers) et lui donna un fils, Martín Cortés, l'un des premiers métis mexicains : le *malinchismo*, selon l'écrivain Octavio Paz[2], fonde la nationalité mexicaine métisse, nationalité douloureuse puisqu'elle naquit de l'humiliation et du viol. Le Pérou a également son métis fondateur, Garcilaso de la Vega, fils d'un conquérant du même nom et d'une princesse inca, et l'un des premiers chroniqueurs péruviens.

Car si l'Amérique ibérique n'a pas connu d'idéologie raciste dans ses commencements, d'autres facteurs ont créé de **subtiles hiérarchies ethniques,** dont certains documents iconographiques et une terminologie spécifique gardent la trace (*mestizo*, *castizo*, *mulato*, *morisco*, *torna atrás*, etc.) : à l'aube de la colonisation, le métis était un bâtard, le plus souvent rejeté par son père, ce qui lui conférait, dans une société aussi formaliste, un statut d'infériorité et des problèmes d'adaptation ; il lui était très difficile de gravir l'échelle sociale, et il restait voué, ainsi que le mulâtre, aux tâches subalternes de l'artisanat ou du petit commerce.

Cette différenciation sociale par les nuances de la peau n'est pas absente des sociétés d'aujourd'hui, où la publicité et les magazines imposent des modèles physiques occidentaux bien différents des types locaux ; aussi tire-t-on parfois une certaine fierté d'avoir une épouse ou un enfant plus

2. Octavio Paz, *El Laberinto de la Soledad*, México, 1950.

« blanc » que soi, et les portraits de chefs d'État passés ou présents montrent que la plupart des élites proviennent de familles à peu près exemptes de métissage.

Pourtant l'Amérique latine à la recherche de son identité assume progressivement – au moins intellectuellement – la richesse de son héritage ethnique : à Cuba, le grand poète mulâtre Nicolas Guillén a magnifiquement chanté ses « deux grand-pères », le conquérant espagnol et l'esclave noir. De par son métissage particulièrement accentué et du fait de son voisinage avec les États-Unis, qui l'incite à souligner sa spécificité, le Mexique, dès le début du XXe siècle, a été à la tête de cette orientation identitaire qui tente d'inculquer au citoyen l'orgueil de ses doubles racines, indiennes et ibériques. Dans tout le sous-continent, la commémoration du cinquième centenaire de la Découverte de l'Amérique a été l'occasion, pour de nombreux intellectuels, de déplorer, certes, le génocide des peuples indigènes, mais aussi de célébrer la fécondité et la luxuriance des processus de métissage qui l'ont suivi et qui font l'Amérique latine d'aujourd'hui.

C'est sur le plan culturel qu'apparaît le mieux cette particularité.

3

UNE CULTURE OU DES CULTURES ?

La diversité des populations latino-américaines doit être prise en compte lorsqu'on envisage le domaine culturel, c'est-à-dire les productions de l'esprit destinées à satisfaire les besoins de l'intelligence, de la sensibilité, et le système de valeurs qui les sous-tend, enfin la conception des relations de l'homme avec le monde où il vit.

Les flux ethniques multiples qui, au fil des siècles, sont venus constituer l'Amérique latine d'aujourd'hui ont-ils dû renoncer à leurs cultures d'origine pour une culture hégémonique ? Ont-ils pu, au contraire, en sauvegarder des éléments pour les fondre, plus ou moins harmonieusement, en une identité spécifique ?

1. UNE CULTURE « LATINE »

1.1 Le catholicisme

C'est encore à l'Histoire qu'il faut revenir, et particulièrement au moment charnière où l'Europe latine se projette sur des terres nouvelles. L'Occident ethnocentriste est convaincu de la validité exclusive et de l'universalité de sa civilisation. Les « grandes découvertes », certes, vont inciter les esprits cultivés de la Renaissance à s'ouvrir au monde, mais, en ce début du XVIe siècle, c'est le salut de l'homme dans l'au-delà qui est au centre des préoccupations.

Aussi la religion est-elle le fondement de la culture latine ; tout système pour penser l'homme dans l'univers autre que celui de l'Église catholique est réprimé : l'Espagne et le Portugal chassent de la péninsule les Juifs et les Maures, ferment leurs frontières à la Réforme luthérienne. Dans ce contexte d'intolérance, il ne peut y avoir de place, en principe, dans les territoires d'outremer, pour les pensées religieuses autochtones, imputées à l'ignorance des Évangiles ou à l'emprise du démon. L'effort d'extirpation des croyances locales, l'évangélisation des indigènes par les missionnaires sont la priorité qui, dans le même temps, légitime l'intégration des terres découvertes à l'Occident et à ses normes, considérées comme les seules acceptables : la nudité des Indiens qui vivent sous un climat tropical, par exemple, semble incompatible avec la conception occidentale de la décence ; la relative oisiveté que leur permet une terre féconde est attribuée au vice de la paresse.

Le christianisme fait donc son entrée en Amérique latine – aujourd'hui la plus importante communauté catholique du monde – accompagné d'un ensemble de pratiques, de valeurs culturelles et de règles sociales qui marquent en profondeur sa physionomie actuelle.

1.2 La langue

C'est d'abord la langue – espagnol, portugais, plus tard français en Haïti –, véhicule de transmission de la culture latine, qui est diffusée dans tout le sous-continent par les agents du pouvoir, administrateurs, hommes d'Église, propriétaires et négociants ; grâce à eux, 500 millions de personnes environ parlent l'espagnol et le portugais à l'orée du XXIe siècle, héritage péninsulaire qu'attestent les toponymes et les patronymes.

1.3 Les mentalités et les pratiques

Mais les colonisateurs ont apporté aussi des modes de pensée : législation, formes politiques et administratives, systèmes économiques, ainsi que des manières : manières artistiques, manières alimentaires et culinaires, sciences et techniques… Ces cadres formels conduisirent l'Amérique latine à se penser sur un mode occidental, et lorsque, au début du XIXe siècle, elle se libéra de l'emprise des métropoles ibériques, c'est encore en Occident qu'elle chercha des modèles de remplacement : les jeunes républiques empruntèrent à la Grande-Bretagne, à la France ou aux États-Unis leurs institutions et leurs constitutions ; elles adoptèrent, entre autres idéologies, le libéralisme britannique, puis le positivisme d'Auguste Comte, particulièrement au Brésil, sous le slogan *« Ordem e Progresso »* ; plus tard les pensées marxiste et anarchiste y eurent aussi leurs adeptes.

L'un des exemples les plus significatifs de cette projection de l'Europe en Amérique latine est peut-être la **conception de l'urbanisme**, héritée des théoriciens européens de la Renaissance, et encore bien visible aujourd'hui dans les centres historiques des villes. En effet, la volonté centralisatrice de la métropole se traduisit par une rationalisation de l'espace urbain ; son plan régulier, dit en damier, s'organisa autour d'un axe central, la *plaza mayor*, où s'expriment encore aujourd'hui tous les pouvoirs : église, hôtel de ville, place d'armes, marché en font un lieu de sociabilité et de protestation où se manifestent ainsi, en un même emplacement, l'héritage culturel latin sous ses diverses formes.

2. Les syncrétismes

Par imposition forcée ou choix délibéré la culture latine constitue donc le ciment qui réunit les Amériques dites latines. Elle ne peut empêcher, cependant, que le sous-continent, terre de rencontres, ait reçu d'autres apports culturels, multiples et hétérogènes, qui ont pu affecter en profondeur l'unité latine de surface. Les métissages ainsi que les diverses formes de relations interethniques ont servi de véhicule à l'imbrication plus ou moins perceptible de ces éléments : pensons, par exemple, au rôle qu'ont pu et peuvent jouer les nourrices ou domestiques indiennes et noires dans la transmission, par les enfants d'origine européenne, de contes, traditions, préparations culinaires, etc. On appelle syncrétisme la création d'une forme culturelle nouvelle et originale par le contact et l'assimilation de deux cultures différentes.

2.1 Le syncrétisme religieux

Le syncrétisme trouve sa meilleure expression dans le domaine religieux. En effet les méthodes de conversion forcée et rapide (moins d'une génération dans le cas de l'Amérique latine), dans l'impossibilité où elles sont de modifier en profondeur les pensées, se préoccupent d'abord d'implanter les formes, rituels et symboles de la religion nouvelle. Pour mieux la faire accepter par les nouveaux convertis, elles cherchent à maintenir une continuité en récupérant les éléments tolérables des croyances anciennes – lieux de culte, dates de célébration, voire divinités tutélaires – et en leur donnant la signification nouvelle qu'implique la foi importée. Par exemple, la Terre, souvent révérée dans les religions des peuples agriculteurs préhispaniques sous la forme d'une déesse mère – comme la Pachamama dans l'*altiplano* andin – a été fréquemment assimilée à la Vierge Marie, leurs significations réciproques n'étant pas incompatibles. L'une des propriétés de la forme ancienne se transmet parfois à la nouvelle version, et facilite de ce fait son adoption : ainsi, un sanctuaire traditionnel qui célébrait la déesse mère de la Terre, Tonantzin – aujourd'hui inclus dans la ville de Mexico – aurait été le lieu d'une apparition de la Vierge, la Vierge de Guadalupe ; grâce à son teint brun qui la fit désigner sous l'appellation affectueuse de la *Morenita*, celle-ci devint très rapidement l'objet de la ferveur des Indiens ; ce trait symbolique lui a permis de jouer un rôle de ralliement essentiel dans les guerres d'indépendance, et aujourd'hui encore son culte est l'un des plus importants d'Amérique latine.

2.2 Le syncrétisme culturel

Ainsi les **« mythes d'origine »** qui traduisent les relations de l'homme avec les forces naturelles, telluriques et cosmiques purent survivre, après la conquête, dans les rites, fêtes et coutumes des peuples agricoles dont la vie quotidienne était toujours régie par le Soleil, la Lune, l'Eau, la Terre ; le livre sacré des Mayas Quichés du Guatemala, le *Popol Vuh*, selon lequel les dieux ont façonné les hommes à partir de la céréale essentielle à la vie, le maïs, n'a pas entièrement perdu sa force, comme en témoigne le beau récit de la Guatémaltèque Rigoberta Menchú, prix Nobel de la Paix 1992[1].

Les multiples **apports ethniques africains** et leur perception du monde, transmis par la voix orale, les musiques, danses, traditions, rites vinrent eux aussi enrichir le fonds commun latino-américain, tout particulièrement dans les régions où l'esclavage fut important ; ainsi prirent forme les syncrétismes religieux et culturels appelés *vaudou* en Haïti, *candomblé* au Brésil, *santería* à Cuba, si vivants aujourd'hui. Des « récits de vie », comme celui

1. Elisabeth Burgos, *Moi, Rigoberta Menchú*, Paris, Gallimard, 1983.

d'un Indien tzotzil mexicain ou d'un ancien esclave cubain témoignent de ces cultures métisses[2].

Le folklore est, actuellement, le domaine où transparaît le mieux ce syncrétisme : les touristes, avides d'exotisme, en recherchent les manifestations, fêtes, rites, artisanat ; sans doute perçoivent-ils mal, cependant, que ces modes d'expression, enracinés dans les formes de vie des communautés, constitutifs de leur identité, lorsqu'ils entrent dans le circuit des échanges commerciaux et s'adaptent au goût d'éventuels acheteurs, perdent leur signification et leur authenticité, et souvent se dégradent esthétiquement, entraînant ainsi un processus de déculturation chez les peuples qui les produisent.

Les manifestations de syncrétisme peuvent se produire dans les deux sens : l'Européen, le nouveau venu, lui aussi est amené à modifier ses habitudes et ses formes de pensée pour s'adapter à un contexte nouveau ; bien des Latino-Américains ont ainsi pu s'écrier, comme Simon Bolívar : « Nous ne sommes ni indiens, ni européens. » En effet, on constate que de nombreuses expressions culturelles venues d'Europe connaissent des modifications lorsqu'elles se trouvent au contact de la réalité américaine ; dans le domaine des idées, par exemple, le positivisme d'Auguste Comte a pris des formes originales, pragmatiques, lorsqu'il a été importé au Brésil ou au Mexique ; et la Théologie de la Libération pourrait n'être qu'une manifestation *sui generis* du catholicisme social. Mais c'est peut-être dans le domaine de la création et de l'imaginaire que se traduit le mieux ce processus d'adaptation et d'assimilation.

3. Les expressions culturelles

Les arts et la littérature sont en effet le lieu privilégié des métissages culturels, à l'image de ces villes coloniales, comme le Cuzco au Pérou, qui se sont édifiées sur les vestiges des sites préhispaniques, superposant ainsi concrètement les deux cultures en contact.

2. Ricardo Pozas, *Juan Pérez Jolote, Biografía de un tzotzil*, Mexico, Fondo de cultura económica, 1952 ; Miguel Barnet, *Biografía de un cimarrón*, Barcelona, éd. Ariel, 1968.

3.1 Les arts

Très tôt, avec l'évangélisation, s'est fait sentir la nécessité d'églises et de couvents, et tout naturellement les formes architecturales et plastiques européennes ont servi de modèles. La construction d'édifices religieux, puis civils s'est accentuée dans les villes, lorsque à la précarité de la conquête a succédé la relative stabilisation coloniale. Ce processus est particulièrement visible dans les régions où les richesses minières et agricoles amenaient la prospérité : les églises de Taxco et de Puebla au Mexique, d'Arequipa au Pérou, de Quito en Équateur, les palais coloniaux de Mexico en sont la manifestation, avec la richesse ostentatoire de leurs dorures, de leur polychromie ou de leurs ornements.

Mais si les modèles étaient européens, les artistes et artisans étaient souvent métis ou indiens. Influencés par les motifs que leur fournissaient la faune et la flore américaines, ils réinterprétèrent les lignes architecturales d'importation en les dissimulant sous une ornementation proliférante et l'exubérance des tours, coupoles, retables et colonnes torses ; ils donnèrent ainsi sa physionomie si particulière au **baroque** américain, dans toutes ses nuances pluri-ethniques. L'un des meilleurs représentants en est le sculpteur Antonio Francisco Lisboa, dit Aleijadinho (« l'estropié »), fils d'un Portugais et d'une Noire, qui décora tant d'églises au Brésil, au XVIIIe siècle, après la découverte de gisements miniers dans l'État du Minas Gerais.

Cet art original, parce qu'il exprime la spécificité des métissages latino-américains, devint une manifestation d'identité, une esthétique où se reconnaissaient les populations du continent. Nombreux furent ainsi les mouvements artistiques postérieurs qui, tout en s'ouvrant aux schémas occidentaux, surent se les approprier en les adaptant, pour leur faire exprimer les réalités américaines dans leur authenticité ; bien des artistes qui avaient fait leur apprentissage à Paris revinrent ainsi travailler dans et pour leurs pays : citons les **muralistes mexicains**, à qui les gouvernements post-révolutionnaires confièrent la tâche d'éduquer le peuple en peignant à fresque les murs des édifices publics ; ou le peintre cubain **Wilfredo Lam**, qui sut intégrer à des emprunts européens les traditions afro-cubaines et la luxuriance des paysages antillais. Dans le domaine de l'urbanisme, le métissage culturel apparaît peut-être plus nettement encore : **Oscar Niemeyer**, architecte de la nouvelle capitale du Brésil, Brasilia, a retenu les leçons de Le Corbusier, mais les réalisations de ce dernier manifestent aussi l'influence des paysages brésiliens.

On peut encore citer le domaine musical avec, entre autres, le Brésilien **Hector Villa-Lobos**, et surtout le cinéma ; l'invention des frères Lumière a fourni à certaines sociétés latino-américaines un moyen d'expression populaire d'une grande efficacité pédagogique ou militante : le **cardénisme mexicain**, par exemple, a su à merveille y exprimer ses mots d'ordres nationalistes, populistes et indigénistes, avec des réalisateurs comme El Indio Fernández ; le ***Cinema Novo* brésilien** a suivi ses traces et l'écran s'est fait dénonciateur avec le Bolivien Sanjinés ou le Chilien Littín ; aujourd'hui un nouvel avatar du cinéma, les *culebrones* mexicains et brésiliens (feuilletons télévisés interminables), sont le résultat d'un autre métissage culturel, marqué par une influence nord-américaine grandissante et peut-être aliénante.

3.2 La langue

Dans le domaine de la langue, puissant ciment de l'identité « latine », les métissages sont pourtant bien présents, et ont des retombées sur les lettres.

• Dans les premières années de la conquête, obligation fut faite, en Amérique espagnole, d'utiliser le **castillan**, langue d'unification et de pouvoir ; mais la marginalisation des Indiens, évangélisés dans leurs langues propres, et la nécessité pour les colons de communiquer avec les communautés indigènes préservèrent l'usage de bien des idiomes vernaculaires. Par ailleurs, la présence d'une réalité nouvelle, végétaux, animaux et objets divers inconnus jusqu'alors aux Européens, amena ceux-ci à emprunter des **termes autochtones** pour les désigner, et à enrichir ainsi le tronc ibérique, tout en le diversifiant d'une région à une autre : lexique, constructions, accent, musique de la phrase prennent ainsi leurs distances avec l'espagnol et le portugais académiques, au grand scandale, parfois, de certains puristes.

Au XIXe siècle, l'Argentin Sarmiento s'insurgea contre un respect excessif pour la langue des ex-métropoles, réclama le droit à « l'émancipation mentale », afin d'adapter ce véhicule de communication aux besoins propres aux réalités américaines. Nul ne conteste plus ce droit, aujourd'hui ; le Cubain, le Mexicain, l'Argentin... se comprennent entre eux et avec les Espagnols, tout en s'exprimant dans des variétés de castillan qu'enrichissent les différentes particularités régionales ; c'est ce qu'exprime si heureusement l'écrivain argentin Ernesto Sábato : « ... à l'instant même où le premier Espagnol a contemplé le ciel d'Amérique, a foulé sa terre, ce ciel n'était plus le ciel de sa patrie, la terre n'était plus celle qui l'avait nourri, le mot amour ne signifiait plus exactement la même chose, ni le mot souvenir, ni solitude, tristesse ou nostalgie. Ainsi, des écrivains séparés par des immensités de cordillère et de désert réalisèrent le miracle d'écrire dans une langue qui, pour l'essentiel, est celle de Castille, et pourtant est diverse[3]. »

• L'adaptation du castillan ne condamna cependant pas toutes les langues amérindiennes à la disparition ; certaines purent se maintenir au-delà des ethnies d'origine de leurs locuteurs en devenant les véhicules de transmission de la doctrine chrétienne parmi les Indiens : les missionnaires, dans un souci d'efficacité, choisirent les plus vigoureuses, s'y initièrent et rédigèrent des grammaires, dictionnaires et autres ouvrages didactiques qui contribuèrent à la survie de ces langues.

Aujourd'hui, le taux de population qui ne s'exprime que dans une langue indigène est en diminution mais, à côté du castillan, l'***aymara*** en Bolivie, le ***quiché*** au Guatemala, le ***náhuatl*** au Mexique regroupent un grand nombre de locuteurs (*cf.* annexe, *tableau 3*). Au Paraguay, le ***guaraní*** est langue nationale comme le castillan, ce qui implique, en principe, son emploi dans les administrations, l'enseignement, les médias. Au Pérou, si le ***quechua*** a été officialisé dans les années 70 par un décret du gouvernement de Velasco Alvarado, cette mesure est restée lettre morte jusqu'à aujourd'hui : les enfants des communautés indiennes, par exemple, ne sont pas scolarisés en quechua et les paysans indiens traduits en justice ne peuvent être entendus dans leur langue. Aussi la défense des langues amérindiennes figure-t-elle au premier rang des revendications des organisations indiennes qui défendent leur identité culturelle.

3. *El País*, Madrid, 14 avril 1989, p. 40.

• S'agissant de syncrétisme linguistique, il faut également prendre en compte l'influence réciproque de l'**anglais** et de l'espagnol dans les vastes territoires du sud des États-Unis, mexicains jusqu'en 1848 ; ils voient affluer aujourd'hui une immigration d'*Hispanos* venus du Mexique mais aussi de tout le continent, laquelle entraîne ce que l'on a pu appeler une « reconquête silencieuse ». Beaucoup de ces *Hispanos* réclament une éducation bilingue, mais la crainte d'encourager un séparatisme semblable à celui du Québec au Canada tend à imposer l'anglais comme seule langue officielle, alors même que se répand un « spanglish » qui témoigne d'un autre métissage culturel.

3.3 Les littératures

Ces différentes cultures s'enrichissent et sont vivifiées par leurs contacts réciproques ; cependant leur confrontation à l'intérieur d'une même collectivité, d'un même individu, est souvent vécue de manière conflictuelle, puisqu'elle résulte de la domination coloniale – qui se manifeste, d'ailleurs, à d'autres niveaux. C'est sans doute la littérature, par la place importante qu'elle accorde à l'imaginaire, qui permet le mieux d'exprimer cette identité conflictuelle, donnant ainsi aux lettres latino-américaines d'aujourd'hui leur universalité.

• Ce conflit est apparu dès l'époque de la conquête, dans l'attitude ambivalente des colonisateurs à l'égard des cultures précolombiennes : d'une part l'ethnocentrisme européen a voué leurs productions à la destruction, jetant aux flammes les précieux **codex** où s'exprimaient l'histoire, les mythologies, les pratiques des sociétés indigènes antérieures à 1492 ; mais, d'autre part, les missionnaires chargés d'évangéliser les indigènes ont vite ressenti la nécessité de connaître leurs traditions et croyances, pour les éradiquer plus efficacement. Paradoxalement, ils les ont ainsi sauvegardées en partie, retranscrivant la mémoire des vaincus ; sont ainsi parvenus jusqu'à nous, dans des adaptations espagnoles, le *Popol Vuh*, livre sacré des mayas quichés, *Ollantay*, drame quechua, ou encore l'immense travail anthropologique avant la lettre de Fray Bernardino de Sahagún, au Mexique.

• Les **lettres coloniales** ont aussi leurs représentants ; mais l'influence des modèles métropolitains était trop forte pour qu'ils aient pu exprimer pleinement une identité américaine – manifeste, cependant, chez le métis péruvien Garcilaso de la Vega. Si la littérature est l'expression des sociétés, elle ne peut trouver son plein épanouissement que dans la prise de conscience de leur singularité ou de leurs dysfonctionnements ; au Mexique, au début du XIXe siècle, par exemple, Fernández de Lizardi témoignait, dans les premiers romans écrits sur le continent, des conflits qui allaient conduire peu après à l'indépendance[4].

• Il ne fut cependant pas facile aux jeunes nations indépendantes de se libérer des lunettes de l'aliénation coloniale pour créer des **« littératures nationales »**. Une fois rejetée l'influence ibérique, c'est ailleurs, et notamment en France, que les écrivains latino-américains cherchèrent d'abord des modèles de substitution ; le courant romantique aidant, ils observèrent et décrivirent la terre américaine et sa géographie indomptable, puis l'homme américain dans ses particularismes et ses coutumes spécifiques : l'Indien dans les Andes, le Noir dans les Caraïbes, le *gaucho* en Argentine témoignèrent ainsi de l'originalité du continent. Les efforts de l'homme américain pour dominer la nature nourrirent aussi les thématiques, puis les rapports sociaux dans toute leur violence : l'un des grands axes des lettres latino-américaines fut ainsi le conflit entre « civilisation et barbarie », à la suite de l'essai *Facundo*, de l'Argentin Sarmiento, ainsi sous-titré (1845).

Si, à la fin du XIXe siècle, l'ouverture sur l'étranger se manifesta dans la poésie dite « moderniste », la grande Révolution mexicaine de 1910 attira l'attention sur les réalités internes, et notamment sur les groupes sociaux humiliés, « ceux d'en bas » *(Los de abajo)*, titre du roman-témoignage de Mariano Azuela, en 1915. Il ouvrit la voie à la narration-reportage que constitua le courant du « roman de la Révolution mexicaine ».

Dans le même temps, dans les zones andines surtout, la découverte par les intellectuels de la condition sociale exploitée de l'Indien suscita des

4. On ne vise ici qu'une rapide synthèse explicative de la trajectoire littéraire latino-américaine ; pour plus d'informations on se reportera aux nombreuses histoires littéraires disponibles.

romans indigénistes, qui durent peu à peu se dégager d'attitudes paternalistes et d'esthétiques manichéistes – l'indien idéalisé confronté aux « méchants exploiteurs » –, ce qui ne fut possible que lorsque des romanciers de culture indigène, comme José María Arguedas au Pérou, furent en mesure de prendre la plume.

Les écrivains latino-américains prirent ainsi conscience, progressivement, de leur identité problématique dans ses rapports avec les autres cultures, et s'efforcèrent de l'appréhender non plus dans une perspective régionale qui les isolait du monde, mais dans une vision continentale, voire universelle ; en même temps, l'assimilation des expériences littéraires occidentales leur donnait les moyens d'en exprimer toute la complexité. Ce fut alors l'explosion des grands poètes (Guillén à Cuba, Neruda au Chili et Vallejo au Pérou), des essayistes (Paz au Mexique) et surtout de ce que l'on appelle le « Nouveau Roman latino-américain » : Asturias, Borges, Rulfo, Carpentier, Sábato, Guimarães Rosa, Fuentes, Cortázar, Vargas Llosa, Cabrera Infante, García Márquez et tant d'autres, dans la deuxième moitié de notre siècle et sur tout le continent, ont créé des formes nouvelles pour inventorier, nommer et représenter une réalité originale et contradictoire, et cette veine n'est pas épuisée.

L'audience des créations littéraires et artistiques latino-américaines, bien au-delà du continent, manifesterait, s'il en était besoin, la remarquable fécondité des métissages ethniques et culturels qui les ont rendues possibles. Elle témoigne aussi d'une vitalité, d'une capacité à rejeter les liens de la dépendance qui ne se sont pas encore manifestées dans d'autres domaines, et particulièrement dans le domaine économique.

4

LES ÉCONOMIES LATINO-AMÉRICAINES

Dans l'héritage culturel venu du monde latin, le continent américain a reçu, au XVIe siècle, l'économie de marché : malgré la période de crise qu'avait traversée l'Europe au XIVe siècle, les échanges commerciaux s'accrurent, des compagnies de négociants se formèrent et ouvrirent des succursales dans toute l'Europe, de riches familles de banquiers exercèrent une influence considérable – y compris plus tard dans les entreprises de découverte et de colonisation américaines. Les rapports marchands fondés sur l'investissement en vue du profit apparurent en Europe, puis s'intensifièrent en se déplaçant de la Méditerranée à l'Atlantique après 1492, ouvrant la porte au capitalisme et à une économie mondiale.

1. LES ÉCONOMIES COLONIALES

1.1 Les métaux précieux

En Europe, le principal moyen de paiement restait la monnaie d'or et d'argent, nécessaire aux échanges, et l'on sait que la recherche de l'or – avec celle des épices – fut à l'origine des Grandes Découvertes. Découvreurs et conquérants étaient fascinés par le métal jaune, symbole de richesse et de puissance, à l'origine du mythe de l'*El Dorado* ; au contraire, les Amérindiens ne lui accordaient pas d'autre valeur que celle des ornements et objets rituels qu'élaborait leur métallurgie, et c'est avec stupeur qu'ils virent, comme en témoignent leurs chroniques, la soif d'or transformer les Espagnols en bêtes sauvages.

L'historien Pierre Chaunu estime que tout **l'or** amassé par les Indiens des Antilles fut accaparé en deux ou trois ans par les Espagnols, qui entreprirent ensuite d'exploiter les sables aurifères *(placers)* ; puis, c'est du Mexique et surtout du Pérou que parvinrent en Espagne les arrivages du métal précieux. Mais, dans le même temps, le cycle de l'or fit place à celui de **l'argent**, avec la découverte des mines mexicaines (Zacatecas : 1546,

Guanajuato : 1548) et surtout péruviennes (Potosí, dans l'actuelle Bolivie : 1545). L'expression « C'est le Pérou » conserve le souvenir de cette abondance subite, qui culmina à la fin du XVIe siècle avec une production de près de 300 tonnes par an. L'Espagne ne sut pas, cependant, utiliser la masse monétaire qui en résulta pour développer son activité productrice, et préféra l'employer en importations : c'est le développement des manufactures anglaises, françaises et hollandaises qu'elle favorisa ainsi, ce qui assura bientôt la prépondérance de ces nations en Europe.

1.2 L'agriculture

Dans le même temps, à proximité des mines se développa une économie agricole indispensable à la subsistance des colons, du fait de l'éloignement de la métropole. L'**élevage**, notamment, connut un développement rapide : les bovins, ovins et porcins, mais aussi les chevaux que le continent ne connaissait pas y furent introduits avec succès. La culture du blé importé de la Péninsule et destiné aux Espagnols se développa également. À l'inverse, de nombreux produits américains inconnus en Europe y pénétrèrent progressivement : maïs, haricot, tomate, café, cacao, tabac, pomme de terre… et l'on sait que cette dernière permit d'y résoudre les crises alimentaires.

Mais les exportations agricoles s'intensifièrent surtout avec le système des plantations, destiné à satisfaire les besoins accrus de l'Europe. Dans les Antilles et sur les zones côtières tropicales de l'Atlantique – particulièrement au Brésil – puis du Pacifique se développèrent la culture de la canne à sucre d'abord, puis celle du coton et du cacao, grâce à la main-d'œuvre esclave. L'**économie de plantation** prospéra en Amérique espagnole, à la fin de la période coloniale, lorsque la législation permit l'ouverture aux marchés internationaux des places américaines.

Sur ces bases, l'élevage et l'agriculture favorisèrent l'accaparement de la terre par les colons, sous la forme de grands domaines privés – *haciendas, estancias* ou *fazendas* au Brésil. Les grands propriétaires terriens, servis par la main-d'œuvre indigène et noire, renforcèrent ainsi leur prestige et leur pouvoir, conformément aux usages féodaux venus d'Europe. Mais cette appropriation du sol s'opposait aux traditions d'exploitation communautaire de la terre qui étaient celles des Amérindiens ; si la chute de la population indigène, au XVIe siècle, laissa libre cours à ce processus de privatisation de la terre, ce ne fut pas sans de graves conséquences économiques et sociales, qui se font sentir encore aujourd'hui, on le verra.

En favorisant ainsi les cultures de plantation destinées au marché européen, les métropoles, en revanche, se préoccupèrent peu de satisfaire les besoins américains en produits de consommation, et n'impulsèrent donc pas la création de manufactures locales. Elles crurent pouvoir utiliser leurs revenus miniers pour importer ces biens des pays européens en voie d'industrialisation. Elles créèrent, de ce fait, les conditions d'une **grande dépendance** vis-à-vis de l'extérieur.

La colonisation avait remplacé les économies autochtones par un système entièrement tourné vers l'extérieur, destiné à satisfaire les nécessités métropolitaines plutôt que les besoins internes. Aussi, dans le même temps où l'Europe occidentale se développait et abordait la révolution industrielle, l'Amérique ibérique, qui lui fournissait des matières premières minières et agricoles, stagnait. Ce décalage allait entraîner l'indépendance politique, mais aussi constituer un sérieux handicap économique et social dans l'avenir.

2. Les économies d'exportation (XIXe-XXe siècles)

La deuxième moitié du XVIIIe siècle fut cependant une période de relative prospérité en Amérique ibérique. La population augmentait, ainsi que la production et le commerce, grâce aux réformes des Bourbons en Amérique espagnole et à celles du ministre Pombal au Brésil. L'argent mexicain, les cuirs du Río de la Plata, le cacao de la Nouvelle-Grenade (Venezuela) étaient devenus des sources importantes de revenus.

2.1 Le libéralisme

Mais c'est surtout au cours du XIXe siècle, après les indépendances de la plupart des colonies espagnoles, que le sous-continent s'intégra au marché mondial comme producteur de matières premières et client des manufactures européennes. La Grande-Bretagne, initiatrice de la Révolution industrielle, était alors la plus grande puissance mondiale : sa prépondérance sur les mers lui avait permis de développer considérablement ses échanges commerciaux, soutenus par un solide réseau financier. En accordant des prêts aux jeunes nations américaines (bientôt imitée en cela par la France puis par l'Allemagne), elle sut en faire des partenaires économiques. Dans la deuxième moitié du XIXe siècle elle allait imposer la doctrine économique du **libre-échange** qui, par la libre circulation des marchandises (laissez faire, laissez passer), augmenterait encore son influence et sa prospérité.

Cette ouverture rendait indispensable l'adaptation de l'Amérique ibérique aux **règles du marché international**, nécessitant des modifications dans la répartition de la terre, le contrôle de la main-d'œuvre et d'autres changements structurels. Ce fut l'objet des réformes libérales, dans tout le sous-continent : le désamortissement des biens fonciers appartenant aux communautés religieuses et indigènes permit l'extension de la propriété privée de la terre, sous formes d'immenses domaines, les *latifundios*, propices aux cultures d'exportation. Ce changement dans la structure agraire, en privant les membres des communautés indigènes de leurs moyens d'existence traditionnels à la faveur de gouvernements autoritaires et des autorités locales – les *caciques* – créait le **marché de l'emploi** dont l'économie d'exportation avait besoin : ainsi, par exemple, les Indiens des communautés boliviennes fournirent la main-d'œuvre nécessaire aux centres miniers. Par ailleurs, l'afflux de capitaux investis, britanniques surtout dans le dernier tiers du XIXe siècle, puis nord-américains dans les dernières années du siècle, permit la construction des infrastructures indispensables au développement du marché extérieur : chemin de fer, ports, télégraphe puis téléphone.

2.2 L'exportation des matières premières

Ainsi progressèrent, dès la deuxième moitié du XIXe siècle, les matières premières agricoles et minières réclamées par l'Occident et destinées à la consommation ou à l'industrialisation : café (Salvador, Colombie, Venezuela, Guatemala, Brésil), sucre (Cuba), cacao (Brésil), élevage (Argentine et Uruguay), *guano* péruvien puis nitrates chiliens utilisés comme engrais, caoutchouc (Brésil), argent, étain et cuivre (Bolivie, Pérou), etc.

Cette forme d'intégration au marché mondial – exportation de matières premières, importation de produits élaborés – n'allait pas sans de graves inconvénients :

– d'abord, elle créa des déséquilibres régionaux en favorisant un développement localisé, limité aux zones de production, les fronts côtiers propices à l'agriculture par exemple (Brésil, Pérou), aux dépens de l'intérieur qui resta sous-développé. Elle privilégia aussi les pays les plus riches en matières premières appréciées, et les plus peuplés – Argentine, Brésil, Mexique – car ils fournissaient d'importants marchés potentiels ;

– ensuite, les investissements étrangers orientèrent les économies latino-américaines en fonction de leurs propres besoins, s'assurant le contrôle de nombreux secteurs de production.

Cette dépendance était d'autant plus grande que la plupart des pays basaient leur économie sur un petit nombre de produits, qui représentaient plus de 30 % du total de leurs exportations, et souvent beaucoup plus : on parle parfois de **mono-production**. Ils dépendaient ainsi très étroitement de la demande extérieure et des cours mondiaux, dont la baisse provoquait – et provoque toujours – une grave chute des rentrées de devises. C'est ce qui advint, par exemple, au moment de la grande dépression de 1929.

2.3 La dépendance économique et politique

Le développement industriel, cependant, restait faible. Pour les classes dominantes qui avaient hérité des mentalités coloniales, la richesse et le pouvoir résidaient dans la possession de la terre ; elles n'étaient donc pas prêtes à investir comme l'avaient fait, dans les pays développés, les bourgeoisies capitalistes et à stimuler ainsi un secteur manufacturier autonome ; d'ailleurs, la consommation de produits manufacturés se limitait à une étroite frange fortunée de la population, qui préférait les articles de luxe importés d'Europe ou des États-Unis ; la consommation intérieure ne pouvait donc assurer la rentabilité d'une production locale.

Vers la fin du XIXe siècle, cependant, l'afflux de capitaux étrangers permit un certain développement industriel. Il ne pouvait s'agir d'une industrie de transformation qui aurait fait concurrence aux produits importés par les mêmes pays investisseurs, l'Angleterre, surtout ; ces fonds furent placés dans l'élaboration des produits textiles et agricoles (abattoirs, frigorifiques, conserveries en Argentine, par exemple) et dans l'extraction minière : ainsi les entreprises anglaises dominèrent bientôt l'étain bolivien, le cuivre péruvien et colombien, les nitrates chiliens, plus tard le pétrole, avec le plein accord des États et des classes dirigeantes qui, intéressées aux bénéfices, ne surent pas s'opposer à cette fuite des richesses nationales, à la dépendance de l'extérieur et à la **vulnérabilité économique et politique** qu'elle créait.

Dans les dernières années du XIXe siècle, les capitaux nord-américains commencèrent aussi à affluer, dans les pays voisins surtout – Mexique, Cuba – et supplantèrent bientôt les investissements britanniques. Après la première guerre mondiale, qui affaiblit les puissances européennes, et particulièrement l'Angleterre, les États-Unis devinrent le principal fournisseur et le principal acheteur de l'Amérique latine, et leur action sur le sous-continent devint prépondérante sur le plan économique, et donc sur le plan politique, comme on le verra. L'importance d'une matière première, dans une économie locale, put servir d'arme politique : il en fut ainsi, par exemple, de la canne à sucre cubaine, dont les contingents d'importation furent fixés par les États-Unis de manière à faire pression sur le gouvernement, dans les années vingt, puis au début de la révolution castriste ; ce fut également le cas du cuivre chilien nationalisé, dont l'embargo, par les entreprises nord-américaines dépossédées, contribua à la chute du gouvernement élu du président Allende, en 1973.

3. Développement et dépendance

3.1 La substitution des importations

La première guerre mondiale fut, cependant, un facteur positif dans le développement économique de l'Amérique latine. En effet, les puissances européennes en guerre devenaient incapables de poursuivre leurs exportations industrielles ; en revanche, elles avaient le plus grand besoin des denrées alimentaires produites par le sous-continent : blé, viande, produits tropicaux. Les pays fournisseurs de ces produits sur une grande échelle – Argentine, Brésil, Mexique, Chili –, qui continuaient ainsi à vendre mais ne pouvaient plus acheter, virent croître les excédents de leur balance commerciale, et ces fonds leur permirent de créer une **industrie autonome** dite de substitution des importations.

La grande dépression de 1929 toucha gravement les économies latino-américaines (on sait, par exemple, que l'on brûla des récoltes de café brésilien pour freiner la chute des cours), mais la deuxième guerre mondiale favorisa la récupération économique : de nouveau les Alliés avaient besoin de matières premières alimentaires, de textiles, mais surtout de métaux stratégiques – où s'investirent les capitaux nord-américains. Encore une fois privés des importations occidentales, les pays producteurs les plus dynamiques, les plus riches en ressources et en populations suceptibles de fournir à la fois main-d'œuvre et clientèle potentielle, purent développer progressivement des secteurs industriels : industries de biens de consommation d'abord (cuirs et peaux, vêtements, branche agro-alimentaire), de biens d'équipement ensuite, des plus simples aux plus complexes (machines agricoles, sidérurgie, ciment, électro-ménager, automobile, pétrochimie).

Dans l'euphorie de cette conjoncture favorable, les gouvernements dits « populistes » – comme celui du général Perón en Argentine – tentèrent de reprendre la maîtrise des richesses nationales aliénées par la dépendance des capitaux étrangers en favorisant le développement interne. L'intervention vigoureuse de l'État s'attacha à nationaliser tout particulièrement les infrastructures et l'énergie : chemins de fer, électricité, pétrole (nationalisé au Mexique en 1938, en Argentine en 1946, puis en Bolivie, au Brésil, au Venezuela). Ce type de **politique nationaliste** essaima plus tard, dans certaines conjonctures, en Équateur, au Chili, au Pérou. Dans les pays concernés, les plus étendus, riches en ressources et en populations, elle permit une remarquable modification des structures, l'émergence de classes ouvrières et, par le développement des services, de classes moyennes ; il en résulta une augmentation des niveaux de vie, limitée, toutefois, par leur croissance démographique élevée.

En revanche cette évolution ne put se produire, ou resta limitée dans les petits pays centre-américains peu peuplés, dont l'économie était fondée sur un produit subordonné aux cours (sucre, café, fruits tropicaux), peu créateurs de services, et dont le marché intérieur était limité.

3.2 La théorie du développement

Cependant, la dépendance technologique restait forte. Les techniques industrielles progressaient très rapidement en Europe et aux États-Unis, mais en Amérique latine la faiblesse de la recherche en sciences et techniques rendait nécessaires de coûteux transferts de technologie. Malgré le soutien des États et la faiblesse des salaires industriels, les produits latino-américains restaient peu compétitifs et peu rentables sur le marché de l'exportation.

Aussi commença-t-on à envisager un développement plus adapté. En 1949, sous l'égide des Nations unies, fut créée la **Commission économique pour l'Amérique latine** (CEPAL), dirigée par l'économiste argentin Raoul Prebish. La commission montra le déséquilibre des échanges entre les pays industrialisés et l'Amérique latine, et la dépendance qu'il entraînait ; elle préconisa des réformes de structure, notamment de la propriété foncière, une industrialisation en direction des besoins internes, avec un certain protectionnisme, ainsi que la formation de marchés communs qui harmoniseraient les échanges et mettraient le sous-continent à l'abri des fluctuations du marché mondial.

De nouveaux investissements devenaient nécessaires et les capitaux nationaux manquaient. On eut recours à des **emprunts** auprès des grandes banques et des organismes financiers internationaux, créés après la deuxième guerre mondiale pour relancer l'économie et le développement : le Fonds monétaire international (FMI), créé en 1944 pour venir en aide aux pays se trouvant temporairement en état de déséquilibre commercial ; la Banque mondiale ou Banque internationale pour la reconstruction et le développement (BIRD), organisme de prêts sur garanties créé également en 1944 ; la Banque interaméricaine de développement (BID), instituée en 1959 pour accélérer les processus de développement des États américains.

Toutefois, ces prêts officiels prenaient le plus souvent la forme de crédits pour l'achat de marchandises produites dans les pays développés, et étaient moins destinés à aider les pays bénéficiaires qu'à relancer les économies des pays prêteurs.

3.3 Les blocages

De fait, le redressement des puissances industrielles, dès la fin des années 50, provoqua une stagnation puis une régression du processus de croissance économique latino-américain et la détérioration des termes de l'échange : le prix des biens exportés augmentait moins que celui des produits industriels importés, et le solde des balances commerciales devenait fortement négatif.

Dans le même temps, le contexte de « guerre froide » entre pays capitalistes et pays socialistes amenait les États-Unis à veiller étroitement à leurs investissements et à resserrer leurs liens commerciaux avec le sous-continent, particulièrement en Amérique centrale et dans les Caraïbes qui devinrent ce que l'on appelle parfois « l'arrière-cour » de la grande puissance, largement dominée par les intérêts économiques nord-américains. On sait que de cette situation néo-coloniale naquit la Révolution cubaine qui expropria les entreprises nord-américaines et récupéra les richesses nationales. L'impact de cette révolution fut immense et les risques de contagion, dans toute l'Amérique latine, apparurent comme une menace pour les intérêts nord-américains.

Dans cette conjoncture, le gouvernement du jeune président des États-Unis, Kennedy, se proposa de désamorcer les foyers révolutionnaires par une **relance de la politique de développement** de la CEPAL : une conférence réunie à Punta del Este en 1961 créa l'Alliance pour le Progrès, qui avait pour but d'élever le niveau de vie des populations par des plans de croissance, de réactiver les politiques économiques communes en subventionnant les pays les plus pauvres et en agissant sur les marchés mondiaux. Les espoirs soulevés par cette initiative furent, toutefois, de courte durée et l'assassinat de Kennedy leur donna le coup de grâce : en effet, son successeur abandonna cette politique de coopération pour, de nouveau, s'assurer le contrôle des matières premières et la garantie des intérêts nord-américains, en soutenant des gouvernements dictatoriaux, capables d'assurer l'ordre et la stabilité voulus.

L'**emprise des grandes sociétés industrielles**, les multinationales, s'accrut. En dictant les choix des secteurs d'investissement, elles parvinrent à contrôler économie et politique. On vit, par exemple, des filiales d'entreprises automobiles prendre pied dans les pays où la formation de classes moyennes leur assurait une clientèle : Volkswagen, au Brésil depuis 1963 et au Mexique ; General Motors et Ford, au Brésil et au Mexique également. On put ainsi bientôt parler de « miracle brésilien » et, protégés par des gouvernements autoritaires, le Mexique et l'Argentine sortirent du sous-développement avec le Brésil.

Ce développement spectaculaire, cependant, avait pour contrepartie non seulement une dépendance étroite des centres financiers internationaux et de grands déséquilibres régionaux et sociaux, mais encore un endettement extérieur considérable, destiné à financer l'équipement industriel.

4. La dette extérieure

4.1 La formation de la dette

Dans les années de l'après-guerre, en effet, partout en Amérique latine et surtout dans les grands pays, le développement était à l'ordre du jour. La richesse du sous-continent en matières premières diversifiées et appréciées, son potentiel humain qui garantissait une main-d'œuvre abondante et des marchés intéressants, ses relations avec l'Occident semblaient offrir plus de possibilités de croissance que les autres régions sous-développées d'Afrique et d'Asie, avec une dynamisation des échanges internationaux.

Ce développement s'accentua à la fin des années 60 et au cours des années 70. Dans les principales économies latino-américaines – Brésil, Mexique, Argentine –, l'essor de la production de biens durables et de biens d'équipement exigeait l'importation d'**appareillages sophistiqués et coûteux** que les économies locales ne pouvaient produire.

Le cas du Mexique est significatif : en 1974, y furent découverts d'énormes gisements de pétrole qui allaient le placer dans le peloton de tête des pays producteurs, à la quatrième place après l'URSS, l'Arabie Saoudite et les États-Unis. Les espoirs soulevés par cette richesse soudaine furent d'autant plus grands que le Mexique, en 1938, avait nationalisé son pétrole qui ne pouvait donc être aliéné par des sociétés étrangères. Mais il fallait, pour exploiter ce pétrole *off-shore* (sous-marin), des installations très importantes – plates-formes d'extraction, raffineries, gazoducs, usines pétrochimiques – et donc de gros investissements. Les possibilités nationales n'y suffisaient pas, malgré la réorientation de crédits destinés à d'autres secteurs, comme l'agriculture de subsistance, victime de la prospérité pétrolière. Or, cette source d'énergie était à la hausse depuis le premier choc pétrolier de 1973, et la nouvelle image d'un Mexique apparemment prospère et solvable attira les crédits bancaires internationaux nécessaires pour l'équiper. Des processus comparables se manifestèrent dans d'autres pays en voie d'industrialisation de la région, mais l'endettement finança, parfois, des projets « pharaoniques » d'un intérêt discutable – grands barrages, centrales hydroélectriques ou nucléaires –, voire l'armement des dictatures.

Plusieurs facteurs concoururent à l'**injection de capitaux bancaires** dans les économies latino-américaines : d'abord la montée en flèche des revenus pétroliers sur l'ensemble du marché mondial, après 1973, se traduisit par une surabondance de liquidités disponibles, les pétrodollars, qui favorisait l'ouverture de crédits ; d'autre part, le monde occidental connaissait alors une baisse de la demande intérieure et donc une surproduction ; or, des prêts donnaient les moyens, aux pays bénéficiaires, de devenir les clients des industries occidentales et atténuaient donc les effets de cette crise. De 1974 à 1978, les banques commerciales firent passer leurs prêts internationaux de 280 à 900 millions de dollars.

En 1982, l'ampleur du **désastre** apparut. Le Mexique, qui avait accumulé une dette de 81 milliards de dollars, se déclara en état de cessation de paiement. Les autres pays du sous-continent n'étaient pas en meilleure posture : le Brésil avait emprunté 70 milliards de dollars, l'Argentine 40, le Venezuela 35, le Chili 15, le Pérou 10. Certes, tous les pays vivent à crédit et les États-Unis eux-mêmes avaient contracté une dette élevée et connaissaient un énorme déficit budgétaire, garantis, cependant, par une monnaie forte et par le potentiel de la nation la plus riche du monde. Tel n'était pas le cas de l'Amérique latine.

Comment en était-elle venue là ? Les capitaux empruntés, exprimés en dollars, l'avaient été à un taux d'intérêt modéré et à une époque où la valeur des exportations garantissant le remboursement était en hausse ; à partir de 1981, tout avait changé : la récession mondiale avait fait grimper le cours du dollar et les taux d'intérêt, tandis que la réduction des importations, dans les pays industriels, provoquait la baisse de la valeur des matières premières – sauf celle du pétrole, ce qui aggravait la situation des pays importateurs comme le Brésil. Dès lors, l'accumulation de la dette s'était emballée et elle continua à progresser dans les années suivantes : en 1997, le Brésil devait 193 milliards de dollars ; en 1998 le Mexique en devait 156, l'Argentine 118, et le total pour l'Amérique latine approchait les 700 milliards de dollars (*cf tableau 3*), soit l'équivalent de deux ans des exportations latino-américaines.

Les pays débiteurs n'étaient pas seuls en cause : les prêts avaient été consentis surtout par les banques commerciales internationales, étroitement liées aux entreprises et à l'épargne publique ; aussi l'éventuelle faillite mexicaine risquait d'entraîner, par ricochet, celle de tout le système financier international. Il fallait donc trouver des solutions.

4.2 La recherche de solutions : les politiques d'ajustement

On se tourna vers les grandes organisations financières internationales, Banque mondiale, Fonds monétaire international, pour gérer la dette et éviter la catastrophe. Le FMI, dont les ressources sont constituées par l'apport des 148 États membres, proportionnellement à leur richesse, fait fonction de prêteur pour les pays en difficulté, mais il exige en garantie de sévères mesures d'ajustement pour permettre le remboursement de ces nouveaux prêts : dévaluation monétaire et gel des salaires, afin d'exporter davantage ; baisse des importations pour dégager des excédents commerciaux, réduction des programmes sociaux et des subventions aux produits de première nécessité (alimentaires, notamment)... toutes mesures très lourdes sur le plan social, et connues sous le terme de **politiques d'austé-**

rité qui ont pour conséquences une forte chute de l'emploi, une diminution des dépenses sociales et donc une aggravation des inégalités. Ainsi le Brésil qui, dans les années 70, avait un déficit annuel de sa balance commerciale de 1,5 milliard de dollars, disposait au contraire, en 1988, d'un excédent de 19 milliards, et dès 1983 les dépenses salariales de l'État y étaient réduites de 15 % ; il pouvait ainsi honorer le service de sa dette (paiement des intérêts), ce qui lui valut un satisfecit de ses créanciers. Le Mexique, autre « bon élève » du FMI, abandonnait les subventions à l'agriculture destinée à la consommation interne pour soutenir la production de denrées de luxe et d'exportation, d'un haut rendement en devises ; il dut alors, paradoxalement, importer du maïs et autres produits de base, devenus ainsi plus chers pour le consommateur qui vit donc s'abaisser son niveau de vie.

Mais si les prêts-relais concédés par le FMI permettaient d'assurer le service de la dette, les pays débiteurs restaient incapables de rembourser le capital de cette dette qui, au contraire, faisait boule de neige. D'autres aménagements furent alors entrepris.

4.3 Le plan Baker

En 1985, le plan Baker – du nom du secrétaire nord-américain au Trésor ou ministre des Finances – concéda aux pays endettés de nouveaux crédits, dans le but de relancer leur croissance et, en conséquence, leur capacité de remboursement. Ce plan revenait donc à augmenter le montant de la dette. Ce fut un échec ; le poids du service de la dette devenait insupportable et l'Amérique latine, qui devait rembourser en intérêts accumulés plus qu'elle ne recevait de fonds nouveaux, se fit « exportatrice de capitaux » ; dans les années 80, ce flux s'éleva à 223 milliards de dollars, selon le président de la BID[1].

À la suite des politiques d'austérité, le revenu moyen par habitant s'abaissa de 8,3 % en moyenne – et jusqu'à 20 % dans certains pays comme le Pérou – pour revenir à son niveau des années 70 : c'est pourquoi on appelle **« décennie perdue »** les années 80. Les réajustements économiques, « plan Austral » de 1985, en Argentine, « plan Cruzado » de 1986

1. *Anuario iberoamericano 92*, p. 435.

au Brésil, aggravèrent le chômage et la pénurie, et l'on vit des scènes de pillage de magasins à Rio de Janeiro, Caracas et Buenos Aires : il est significatif que, dans ces régions pourtant relativement développées, les classes moyennes elles-mêmes furent touchées. Les programmes d'éducation, de santé, les aides à l'alimentation subirent des coupes sombres, et l'explosion sociale, un peu partout, menaça la stabilité politique. Moins spectaculaire, mais plus grave encore, la contraction des investissements internes dans l'appareil productif mina sérieusement le potentiel de développement, et donc les perspectives de croissance future.

Aussi, des voix s'élevèrent pour refuser de sacrifier plus longtemps les besoins de la population à une dette sans fin : au Pérou, le président Alan García déclara que le paiement des intérêts de la dette ne dépasserait pas 10 % du montant des exportations ; à Cuba, Fidel Castro parla carrément d'annuler la dette.

4.4 Le plan Brady

En 1988, le plan Brady – du nom du nouveau secrétaire nord-américain au Trésor – renversa la vapeur. Il prévoyait des modalités de rachat de la dette au rabais, ce qui revenait donc, à l'inverse du plan de 1985, à une réduction de son montant.

Le mécanisme en est le suivant : une entreprise désireuse d'investir dans un pays donné achète à une banque créditrice des titres de sa dette, avec une décote ; elle les présente ensuite au gouvernement du pays débiteur, qui les lui rachète en monnaie nationale ; l'entreprise utilise alors ces fonds pour financer ses investissements sur place. Le Mexique, la Bolivie, le Chili, le Brésil ont pu ainsi réduire le montant de leur dette, partiellement transformée en prises de participation dans des entreprises – évidemment parmi les plus rentables des économies nationales.

Cette entrée de capitaux étrangers est parfois massive, comme au Chili ; cependant globalement le plan Brady n'a pas réduit la dette totale de l'Amérique latine : de 472 milliards de dollars en 1987, elle approchait 700 milliards de dollars en 1998, et le service de cette dette qui représentait en moyenne 30 % des exportations, atteignait 43 % au Brésil et 51 % en

Argentine ; son coût social est très élevé puisque ces politiques reviennent à une contraction de la consommation, tandis que la conversion de la dette accélère le processus de dénationalisation et de privatisation des économies.

5. Le néolibéralisme

5.1 Les privatisations et les dénationalisations

En effet, les économies latino-américaines se caractérisent, en cette fin de siècle, par une **ouverture croissante sur l'extérieur**. Vingt ans après son apparition, le problème de la dette, s'il reste grave, semble moins préoccuper les milieux financiers que la régression des PIB et le retard accumulé par rapport aux pays développés.

Les industries latino-américaines sont nées surtout à la faveur des régimes populistes, dans les années 40. Leurs productions, vulnérables, n'ont pu affronter la concurrence des pays développés que grâce à un certain protectionnisme : tarifs douaniers élevés, soutien des États. Aussi le secteur public et le nombre de ses salariés y étaient-ils très importants, notamment dans les infrastructures, l'énergie, les industries lourdes et les services.

Mais alors qu'émerge une économie mondiale, il apparaît que l'Amérique latine ne peut rester isolée et doit s'intégrer dans les échanges internationaux. Désormais, les réformes mises en œuvre, influencées par les politiques économiques néo-libérales de Mme Thatcher en Grande-Bretagne et du président Reagan aux États-Unis, recherchent la compétitivité et la stabilité. Pour assainir les économies, elles préconisent la suppression des entraves aux mécanismes du marché, et donc le retrait de l'État, la promotion des exportations par la réduction des tarifs douaniers, la privatisation des entreprises publiques, aujourd'hui d'ailleurs, pour la plupart, obsolètes et endettées.

Au Chili, cette dénationalisation largement entreprise sous la dictature militaire (1973-1990) par les *Chicago Boys*, économistes d'inspiration libérale, est particulièrement accentuée.

En Argentine, paradoxalement, elle a surtout été menée par le président Menem, élu en 1989 en se réclamant du populisme péroniste. Elle concerne les entreprises d'électricité, du gaz, du pétrole, du téléphone, de la télévision, la compagnie Aerolíneas Argentinas, rachetée par un groupe financier où l'on trouve en bonne place la société espagnole Iberia, etc. Les chemins de fer, construits par la Grande-Bretagne et la France pour exporter les viandes et les cuirs, avaient été nationalisés en 1947 ; incapables de supporter la concurrence du trafic routier, ils ont été dénationalisés en 1993 : vingt-cinq lignes reliant la capitale aux provinces de l'intérieur ont été fermées et 27 000 employés des chemins de fer licenciés. L'État a ainsi pu licencier des milliers de fonctionnaires et réduire les dépenses publiques.

Le Venezuela a privatisé banques, télécommunications, la compagnie aérienne Viasa, et ouvre ses gisements pétroliers aux investissements privés. Le Mexique, où la compagnie pétrolière Pemex symbolise l'indépendance nationale, est allé jusqu'à privatiser 90 % des installations pétrochimiques ; les privatisations au Pérou auraient causé 300 000 à 500 000 chômeurs supplémentaires. Même Cuba, sans désavouer le socialisme, autorise progressivement les marchés libres paysans, la circulation du dollar, et surtout s'ouvre aux investissements étrangers (espagnols, canadiens, français), particulièrement dans le secteur du tourisme.

L'abaissement des barrières douanières, par ailleurs, a pour effet un bond des importations de l'étranger – États-Unis, Japon, CEE – qui fait la fortune du Panama.

5.2 Les conséquences du néolibéralisme

Il est de fait que les politiques d'austérité et de privatisation ont permis un **redressement en termes macroéconomiques**, dont témoigne le renversement de tendance temporaire des années 90 : alors qu'entre 1981 et 1991 le produit par habitant a diminué de 8,1 % en Amérique latine, de 1990 à 1994, puis après les retombées de la crise mexicaine de 94, la croissance a atteint le chiffre record de 5,3 % en 1997 (*cf. tableau 3*). Les taux d'inflation ont été jugulés dans la plupart des pays de la région ; ils sont passés de 1 120 % en 94 à environ 10 % en 97 pour l'ensemble de la zone[2]. Signe de confiance : on constate des rapatriements de capitaux nationaux et d'importants investissements étrangers.

2. Ces chiffres, qui proviennent de la CEPAL, sont cités par *El País* de Madrid et par *Le Monde*.

Toutefois ces résultats sont liés à l'orthodoxie des politiques suivies. Ils sont particulièrement marqués dans les pays les plus ouverts sur l'extérieur et qui ont appliqué les politiques d'ajustement les plus sévères : Chili, « le jaguar latino-américain », Argentine, Mexique, Pérou. Mais l'impact des turbulences financières mondiales met en évidence **les limites et la fragilité de cette croissance** : de 5,3 % à la fin de 1997, elle n'était plus que de 2,5 % en 98 (*cf tableau 3*), fortement remise en cause par la crise des économies asiatiques, qui provoqua la chute des cours des produits d'exportation – notamment le cuivre pour le Chili et le Pérou et le pétrole pour le Mexique, le Vénézuela et l'Équateur – puis par la crise russe de 1998. Le retrait des capitaux étrangers volatiles menaçait d'effondrement les économies les plus fortes – Brésil, Argentine, Chili, Vénézuela, Colombie –, tandis qu'au Pérou, en Équateur et dans les petits pays d'Amérique centrale des désastres naturels – le phénomène thermique « El Niño » d'une part, puis le cyclone Mitch de l'autre compromettaient gravement les économies régionales : au début de 1999, le FMI et la Banque Interaméricaine de Développement (BID) ne prévoyaient qu'une croissance de 0 à 1 % pour l'année.

Cette évolution montre les dangers d'une dépendance excessive des capitaux extérieurs, prompts à se retirer en conjoncture de crise ; pour stabiliser la monnaie et assurer ainsi la confiance des investisseurs, le gouvernement du président Menem, qui maintient depuis 91 une parité fixe du peso avec le dollar, propose de faire du billet vert la monnaie officielle argentine, et préconise même une union monétaire continentale autour du dollar comme monnaie commune. Mais il se heurte à des résistances car l'adoption de la monnaie nord-américaine renforcerait la dépendance du sous-continent vis-à-vis de son puissant voisin, à la différence d'une monnaie propre, similaire à l'euro pour l'Europe (*Le Monde,* 19/2/1999). Le dollar contredirait l'autonomie recherchée par des stratégies d'intégration.

6. L'INTÉGRATION ÉCONOMIQUE

La recherche d'une unité d'action des pays d'Amérique latine, tant sur le plan économique que sur le plan politique, n'est pas nouvelle : il est en effet évident que la fragmentation du sous-continent entraîne sa vulnérabilité face à la cohésion qui fait la force des États-Unis de l'Amérique du Nord.

6.1 Les premières étapes

À l'époque des indépendances, le Libérateur Bolívar avait tenté d'unifier l'Amérique ibérique en convoquant les nations naissantes à un congrès à Panama, en 1826. Mais la force centrifuge de la tradition coloniale et des pouvoirs locaux l'empêchèrent d'aboutir, de même que les efforts de la Grande-Bretagne et des États-Unis, qui contrôlaient plus facilement une zone désunie.

Les initiatives d'intégration continentale ne reprirent qu'à la fin du XIXe siècle, et cette fois sous l'égide des États-Unis : la **première Conférence panaméricaine** de 1888 avait pour but la constitution d'une union douanière qui favoriserait le commerce nord-américain et permettrait aux États-Unis de disputer à la Grande-Bretagne sa prépondérance économique – ce qu'ils allaient réussir dans les premières années du XXe siècle. Il ne restait donc rien du projet émancipateur de Bolívar, et c'est ce que combattirent plusieurs intellectuels : José Martí à Cuba, Manuel Ugarte en Argentine, Víctor Haya de la Torre au Pérou. De fait, la croissance du commerce international qui, dans la première moitié du XXe siècle, avait fait jouer à l'Amérique latine le rôle d'exportateur de matières premières, se fit sous le contrôle de la nouvelle première puissance mondiale, les États-Unis, à la faveur de mécanismes que nous retrouverons au chapitre 6.

Dans ce cadre apparurent pourtant des tentatives d'intégration latino-américaine : l'Association latino-américaine de libre commerce (ALALC, créée en 1960, devenue ALADI en 1980), le Marché commun centraméricain (MCCA, créé en 1961). Mais ces associations n'eurent jamais de résultats significatifs, pas plus que les organismes créés postérieurement, le Pacte andin (1969), le Système économique latino-américain (SELA, 1975) et divers organismes spécialisés : la part des échanges entre les pays de la zone resta d'abord très faible par rapport à leur commerce avec l'extérieur et notamment avec les États-Unis (11 % en 1989), ce que peut expliquer, en partie, la similitude de leurs économies. Les politiques d'ajustement dues à la dette – réduction des importations et contraction de la demande – limitèrent aussi les échanges interrégionaux.

6.2 Les nouvelles stratégies

C'est dans ce contexte qu'apparaissent, en cette fin de XXe siècle, les nouveaux efforts d'intégration, favorisés par des orientations économiques communes et par le retour à des régimes civils, après une période de dictatures militaires.

• Les États-Unis, menacés dans leur suprématie par le dynamisme du Japon et le poids économique de la CEE, cherchent à renforcer leur position sur le continent américain : depuis le 1er janvier 1994, le **Traité de libre commerce** (TLC ; en anglais, *North American Free Trade Agreement* : NAFTA) a intégré le Mexique à l'alliance économique signée en 1987 entre les États-Unis et le Canada, créant ainsi le marché le plus important du monde avec 360 millions de consommateurs, ce qui dynamise les échanges mutuels.

Ce traité n'a pas que des partisans : certains secteurs accusent le Mexique de porter un coup à l'intégration proprement latino-américaine, en faisant le jeu des intérêts étrangers. On fait observer aussi qu'il existe d'énormes déséquilibres entre le Mexique et ses partenaires ; la main-d'œuvre mexicaine, par exemple, est huit fois moins chère que la main-d'œuvre nord-américaine : elle coûte 1,80 dollar l'heure au Mexique, 16,02 dollars et 14,77 dollars au Canada et aux États-Unis[3]. Aussi, les salariés nord-américains pourraient devenir les victimes du traité si les entreprises qui les emploient décident de s'installer en territoire mexicain pour y bénéficier d'un marché du travail plus favorable. Ce processus est déjà engagé par l'existence des *maquiladoras* : ces ateliers de sous-traitance – comparables à ceux de Taiwan et de Hong-Kong – ont été créés à partir des années 60, le long de la frontière entre le Mexique et les États-Unis, pour tenter d'endiguer l'immigration clandestine. Ils bénéficient d'un régime assimilable au libre-commerce, puisqu'ils importent sans taxe des machines et intrants nord-américains, pour réexpédier aux États-Unis les biens transformés avec un simple impôt sur la valeur ajoutée. En 1991, 1 750 *maquila-*

3. *El País*, 13 août 1992.

doras, pour les deux tiers nord-américaines, occupaient 450 000 travailleurs (en grande partie des femmes).

• À terme, ces alliances pourraient être le premier pas vers une intégration continentale de l'Alaska à la Terre de Feu, comme le voudrait l'ambitieuse Initiative pour les Amériques annoncée en 1990 et relancée par le sommet continental de Miami de décembre 1994. D'ores et déjà les échanges commerciaux et les investissements croissent grâce à des accords bilatéraux entre les États-Unis et le Chili – pays considéré comme le plus avancé en matière de libre-échange, qui pourrait devenir, comme le Mexique, un partenaire privilégié des États-Unis.

Mais le souhait des États-Unis de créer une zone de libre-échange des Amériques se heurte à de nombreuses réticences dans le sous-continent, qui fait contre-poids en resserrant les relations commerciales interrégionales : en 1996 a été relancé le Pacte Andin qui, devenu **Communauté Andine**, coordonne les politiques économiques de la Bolivie, la Colombie, l'Équateur, le Vénézuela et le Pérou ; en 1998 les échanges entre ces cinq pays avaient progressé de 20 %. Mais c'est surtout le **Mercosur** qui manifeste le mieux la volonté de cohésion sud-américaine : ce marché commun du cône sud, constitué en 1991 et entré en vigueur en 1995, est très important puisqu'il réunit le Brésil, l'Argentine, l'Uruguay et le Paraguay, auxquels se sont associés le Chili et la Bolivie en 1997. Malgré les grandes disparités existant entre ces pays, et notamment les problèmes posés par le poids du Brésil, ce marché de 220 millions d'habitants qui représente plus de 60 % de la richesse de l'Amérique latine a très vite prouvé son dynamisme en multipliant les échanges internes, devenus essentiels pour certains d'entre eux : en 1996, le Brésil était le principal client de l'Argentine (27,8 % de ses exportations), du Paraguay (44,2 %), de l'Uruguay (34,7 %). Cependant, la grave crise financière brésilienne du début de 1999 et la brutale dévaluation du *real* risquent de compromettre la croissance.

La résistance à l'hégémonie nord-américaine se manifeste aussi par le resserrement des liens avec l'**Europe** ; les sommets ibéro-américains qui réunissent chaque année, depuis 1991, chefs d'État et de gouvernement latino-américains, espagnols et portugais ont réaffirmé qu'il existait une communauté de culture entre les nations américaines et leurs anciennes métropoles. En 1997 et 1998, les trente-quatre pays du continent réunis en sommet se sont montrés rétifs à la création d'une zone de libre-échange du nord au sud du continent, préférant se tourner vers d'autres marchés, notamment le Japon et la CEE. En 1995, les échanges entre le Mercosur et l'Union Européenne représentaient déjà 43 milliards de dollars, contre seulement 29 milliards de dollars avec les États-Unis et, au début de 1999, l'UE est le premier investisseur et le premier partenaire commercial de l'Amérique du Sud.

Les positions des États-Unis restent cependant importantes au Mexique, qui réalise avec son voisin plus des deux tiers de ses échanges dans le cadre du TLC, ainsi qu'au Chili et en Amérique centrale.

La croissance relative du sous-continent et la place qu'il occupe dans les échanges internationaux ont fait de la région, depuis le début du siècle, une « classe moyenne » de l'ordre international, plus développée que les anciennes colonies européennes d'Afrique et d'Asie ; pourtant, les crises successives des années 90 manifestent la précarité de cette évolution. Surtout, la progression des indices économiques s'accompagne paradoxalement d'une aggravation des inégalités et des injustices, qui freinent le développement.

5

LES SOCIÉTÉS LATINO-AMÉRICAINES

Si, au début des années 90, les économistes relèvent des succès en matière d'assainissement macroéconomique, il apparaît qu'ils ne s'accompagnèrent pas d'une redistribution des revenus et qu'au contraire leur coût social est très élevé : chômage, pauvreté, exclusion. L'ouverture économique et les plans d'austérité dictés par le FMI provoquent partout de fortes tensions sociales : la consommation, par exemple, avait baissé de 13 % entre 1980 et 1990, ce qui entraîne de gros risques pour la stabilité politique et met en évidence les conséquences sociales de la « décennie perdue ».

1. Les effets de la « décennie perdue »

• Le développement relatif de l'Amérique latine, depuis le milieu de notre siècle, avait pourtant permis une amélioration sensible des niveaux de vie : entre 1960 et 1980, le pourcentage de population touchée par les situations dites de pauvreté (on les trouvait dans les secteurs ruraux surtout) était passé de 50 % à 33 %. Or, à partir de 1980, le mouvement s'inverse pour amorcer une **nette régression** : 39 % des familles vivent au-dessous du seuil de pauvreté en 1985, 46 % en 1992 ; le nombre absolu de pauvres serait de 210 millions en 1996, soit près d'un habitant sur deux.

Le concept de pauvreté est utilisé lorsque l'importance des taux de chômage et de sous-emploi rend inopérantes les catégories sociales traditionnelles. On parle de *pauvreté* lorsque les revenus familiaux sont insuffisants pour satisfaire les besoins minimum : alimentation, logement, santé, éducation, vêtement. Quand ces revenus ne permettent pas de couvrir les seuls besoins alimentaires, on parle d'*extrême pauvreté* ou d'indigence : c'est le cas de la moitié de l'ensemble des pauvres en Amérique latine.

La « décennie perdue » a donc accentué les inégalités dans la distribution des revenus, elle a réduit l'emploi industriel, déqualifié et prolétarisé les classes moyennes, faisant passer une partie importante de la population dans l'économie dite informelle (« travail au noir »). Le chômage est d'autant plus ressenti que la couverture sociale, en Amérique latine, est très sommaire et qu'il n'existe pas d'allocations de chômage ; les chômeurs se transforment en artisans ou en petits commerçants ambulants qui envahissent les rues centrales des grandes villes, Lima ou Mexico.

Il est significatif que c'est dans les zones urbaines, désormais, que la pauvreté est la plus importante.

• Ces situations entraînent une dégradation des conditions de vie, mais aussi des valeurs morales : les bas salaires favorisent la délinquance et la corruption – par exemple chez les fonctionnaires de police qui pratiquent parfois ce que l'on appelle au Mexique la *mordida* ; les classes fortunées préfèrent souvent la spéculation et la fuite des capitaux aux activités licites, l'État étant ainsi privé de rentrées fiscales.

L'un des pays où ces **problèmes sociaux** sont les plus visibles est le Pérou. 70 % de la population peuvent y être considérés comme « pauvres ». En 1990, après le plan d'ajustement économique du président Fujimori, qualifié de Fujichoc, le salaire minimum – dont seul bénéficie un dixième de la population – a été réajusté à 40 $, équivalant à un cinquième du « panier de la ménagère » ; le prix du pain a été multiplié par 12 et celui du carburant par 31. Aussi, nombreux sont les Péruviens qui ne disposent pas du minimum vital en calories et protéines et, en raison de la malnutrition et de l'effondrement du système sanitaire – des campagnes de vaccination en particulier –, on voit réapparaître des maladies que l'on croyait éradiquées : choléra, tuberculose, paludisme, lèpre. Les enfants sont les plus touchés : les taux de mortalité infantile se sont accrus et les survivants ne peuvent se développer normalement physiquement ; un grand nombre d'entre eux ont cessé de fréquenter l'école pour mendier, chanter ou vendre des babioles dans les rues et apporter ainsi un complément de ressources à leurs familles.

Ces situations ne sont pas exclusives du Pérou, comme le montre l'épidémie de choléra qui y est apparue en janvier 1991. Cette maladie est aujourd'hui facilement évitable grâce à des mesures d'hygiène élémentaires ; mais, née dans les milieux les plus défavorisés par l'utilisation d'eau polluée, elle s'y est développée en raison de la pauvreté, des conditions de vie déficientes, de la dénutrition. Elle a rapidement atteint l'Équateur, la Colombie, le Brésil, le Chili, l'Argentine ; des cas ont été détectés jusqu'au Mexique et même aux États-Unis, faisant, jusqu'en 1993, 324 000 malades et des milliers de morts parmi les populations les plus pauvres.

Ces remarques, valables globalement, appellent toutefois quelques précisions :
– au niveau continental d'abord, il existe de grands déséquilibres entre des sociétés relativement développées et des sociétés archaïques ;
– on retrouve ces déséquilibres sur le plan interne : certains groupes sociaux privilégiés ont pu maintenir ou même augmenter leur train de vie, tandis que la majorité a dû les réduire ;
– les régions enfin, inégalement mises en valeur, présentent de profondes disparités, tout particulièrement entre villes et campagnes, ce qui provoque d'importants mouvements de population.

2. Les déséquilibres continentaux

À partir des années 40, on l'a vu, les politiques de substitution des importations ont permis le décollage des pays qui possédaient les ressources nécessaires au développement et comptaient le nombre d'habitants suffisant pour fournir à la fois une main-d'œuvre industrielle et un marché de consommateurs pour la production interne. Il s'est ainsi créé dans ces pays un effet d'entraînement : le développement de la consommation a impulsé la création d'un secteur de « services », à partir duquel se sont formées des classes moyennes d'employés et de commerçants, dont la promotion, à son tour, a dynamisé la production et la croissance.

Parallèlement sont apparus des **« pôles de développement »** et l'urbanisation, en particulier, a progressé dans des proportions considérables. Ce processus s'est poursuivi ou interrompu au gré des conjonctures, mais, dans les années 90, c'est dans ces pays les plus industrialisés – Brésil, Mexique, Chili, Argentine, Colombie, Venezuela –, mais aussi en Uruguay, au Costa-Rica ou au Panama, que l'on trouve des sociétés au développement intermédiaire, dont le niveau moyen de revenus n'est pas très éloigné de celui des pays européens les moins développés : Portugal, Hongrie ou Bulgarie.

Le Paraguay, l'Équateur et le Pérou ont connu, quant à eux, une croissance moindre.

En revanche, les petits pays peu peuplés des Caraïbes et d'Amérique centrale ont beaucoup plus mal surmonté les écueils de la dépendance : le manque de diversification des ressources, la faiblesse du marché intérieur et le poids très lourd des blocages coloniaux sur des populations exploitées et marginalisées ont freiné la croissance et son effet d'entraînement : le secteur des services est resté faible, les structures sociales se sont peu modifiées. Aussi trouve-t-on, parmi eux, l'un des pays les plus pauvres du globe, Haïti, où la moyenne du revenu annuel est de 215 $ en 1998 (*cf. tableau 3* en annexe), proche des pays les plus sous-développés d'Asie et d'Afrique, comme le Bénin ou le Pakistan. Le Nicaragua, le Honduras, la République dominicaine, le Guatemala, ainsi que la Bolivie dans la zone andine, ont aussi de très mauvais indices.

À des niveaux de développement inégaux correspondent donc des états de société différents, que l'on peut étudier à partir des indicateurs économiques et sociaux fournis par les grands organismes internationaux (*tableaux 1 à 4* en annexe). On doit cependant garder à l'esprit, en analysant ces statistiques, qu'elles ont un sens relatif : il s'agit de moyennes, peu significatives dans des pays à caractéristiques dualistes, c'est-à-dire où coexistent des inégalités de revenus et de développement extrêmement marquées entre des secteurs privilégiés et des secteurs marginalisés : le nombre moyen de médecins ou de lits d'hôpitaux, par exemple, ne doit pas faire oublier que les structures de santé sont très concentrées dans les villes, et que les campagnes en sont privées, ou presque.

2.1 Des sociétés « archaïques »

Dans les pays les plus défavorisés d'Amérique centrale et des Caraïbes, et à moindre degré des Andes, le revenu moyen par habitant (PIB/hab.) était, pour l'année 1998, inférieur à 1 000 dollars (il est de 14 350 dollars en Espagne, et de 20 020 dollars aux États-Unis). L'Indice de Développement Humain (IDH), qui prend en compte l'espérance de vie à la naissance, le niveau d'instruction et le revenu moyen, y est voisin de 0,6 sur une échelle qui va de 0 à 1, et descend à 0,34 pour Haïti (*cf tableau 4*). La population active est employée majoritairement dans l'agriculture – qui est très minoritaire dans les nations industrialisées. Il s'agit donc de **sociétés encore très rurales** et donc peu modernisées – la part de l'industrie et du tertiaire y est faible –, ce qui entraîne un grand nombre de freins au développement. On constate ainsi que l'évolution négative du PIB par habitant dans la « décennie perdue » y est particulièrement marquée et certains de ces pays peuvent présenter jusqu'à 80 % de « pauvres » (Haïti, Bolivie, Honduras).

Aussi, c'est dans ces sociétés que l'on relève les **indices démographiques les plus défavorables** : l'augmentation de la population y est rapide, avec un taux de croissance parfois proche de 3 % par an, alors que les revenus, au contraire, sont en baisse. C'est que les taux de natalité, quoiqu'en baisse, restent élevés, puisqu'il naît chaque année près de 40 enfants pour 1 000 habitants, et que les femmes y ont, de 4 à 5 enfants et parfois beaucoup plus (les causes économiques et morales de ce taux de fécondité ont été étudiées dans le chapitre 2). Parallèlement, on y trouve les plus mauvais indices de mortalité et tout particulièrement de mortalité infantile (66 nouveau-nés sur 1 000 naissances en Bolivie). Les structures de santé très déficientes sont l'un des premiers éléments d'explication : parfois moins d'un lit d'hôpital pour 1 000 habitants et un nombre de médecins extrêmement faible (*cf. tableau 4*).

Par ailleurs, le **niveau d'éducation très insuffisant** entraîne une proportion d'analphabètes qui avoisine parfois la moitié de la population, comme à Haïti ou au Guatemala. Dans ces sociétés très traditionnelles, les femmes sont, beaucoup plus que les hommes, privées d'éducation : 51,4 % de femmes sont analphabètes au Guatemala, pour 37,5 % d'hommes (*cf tableau 4*). Ce facteur est lourd de conséquences : il marginalise la femme en l'empêchant de s'intégrer dans les structures sociales, dans le marché de l'emploi notamment, à égalité avec les hommes ; il perpétue des mentalités traditionalistes – résignation, par exemple, à la « fatalité » de naissances non désirées – qui permettent son exploitation et celle de groupes sociaux importants.

2.2 Des sociétés moyennes

La progression des pays qui ont connu, au XXe siècle, un certain développement économique est également visible dans les indicateurs socioéconomiques. Quoique très éloigné de ceux des pays occidentaux développés, leur PIB/hab. est compris entre 1 500 et 4 000 $ en 1998, et leur IDH dépasse 0,8. La part de l'agriculture y est nettement plus faible que dans les pays « archaïques » et, plus encore que le développement industriel, on constate une **croissance du secteur tertiaire**, les « services » ; concrètement ces indices se traduisent par une importante urbanisation. Cependant, l'impact de la « décennie perdue » sur le PIB y est également sensible, sauf au Chili qui est entré très tôt dans l'économie libérale et en Colombie, sous l'effet probable de l'« économie de la drogue ».

La pauvreté y existe mais les secteurs de la santé et de l'éducation sont, globalement, bien meilleurs : la proportion d'analphabètes y est inférieure à 10 % – le Brésil faisant exception avec 16,7 % – et elle est même comparable à celle des pays occidentaux dans le cône sud, zone d'immigration européenne. Aussi les indices démographiques se rapprochent-ils de ceux des nations développées : taux de croissance démographique voisin ou inférieur à 2 % – Argentine, Chili, Uruguay – avec des taux de natalité et de mortalité en baisse et une plus longue espérance de vie ; si le nombre d'enfants par famille approche encore 3 au Venezuela et au Mexique, c'est que les pesanteurs dans l'évolution des mentalités sont encore fortes, surtout dans les campagnes où se fait sentir l'influence de la tradition et de l'Église, ainsi que l'insuffisance des moyens de contraception. Toutefois les statistiques font apparaître une **amélioration progressive** dans ces domaines depuis les années 75.

On remarque que si Cuba appartient géographiquement et sociologiquement au groupe des nations les moins développées, les meilleurs résultats de sa révolution – que l'on abordera au chapitre 6 – apparaissaient nettement dans ses indices éducatifs et sanitaires, puisqu'en 1995 le taux d'analphabétisme (3,8 % des hommes et 4,7 % des femmes) et en 1990 la proportion de médecins (3,64 pour 1 000 habitants) étaient parmi les plus performants du continent, ainsi que les taux de mortalité, infantile en particulier ; le nombre moyen d'enfants par femme (1,5) est le plus bas d'Amérique latine. Cependant, la « période spéciale » dans laquelle est entrée Cuba depuis l'arrêt de l'aide soviétique compromet ces résultats. La révolution sandiniste, au Nicaragua, a fait également bien des efforts dans ces domaines, mais la guerre civile n'a guère permis qu'ils soient couronnés de succès.

Il faut rappeler qu'il s'agit là de caractéristiques globales des différentes régions latino-américaines : les particularités du développement économique qui les a impulsées n'ont pas permis l'émergence de sociétés homogènes et, au contraire, ont accentué les disparités internes.

3. Les déséquilibres internes

La croissance, lorsqu'elle s'est produite de façon significative, n'a pas eu d'effets d'entraînement tels qu'ils aient pu atteindre l'ensemble des populations et des territoires. À côté de secteurs sociaux dont les modes de vie et de consommation n'ont rien à envier aux sociétés occidentales, stagnent les oubliés du développement dans une marginalité parfois dramatique : les « beaux quartiers », aux grandes villas avec piscine et voitures américaines, entourées de hauts murs, à Mexico ou à Lima, sont tout proches des immenses bidonvilles des ceintures de pauvreté. Au Brésil, le pays le plus inégalitaire d'Amérique latine, 10 % de la population détient près de la moitié des richesses (49,7 %), mais les 10 % les plus pauvres s'en partagent moins de 1 %[2].

La formation de pôles géographiques de développement a sacrifié des régions entières ; dans l'immense Brésil, le Sud, riche en minerais et en café – dont le Brésil est le premier producteur mondial – concentre 80 % de la richesse du pays, et la ville de São Paulo, à elle seule, représente plus du tiers du PIB national (36 %). En revanche, les immenses régions du Nord, de l'Ouest et surtout le *sertão* du Nord-Est, à la végétation hostile, périodiquement victime de terribles sécheresses, survivent difficilement, malgré les tentatives discutées de colonisation de l'Amazonie.

2. *Le Monde*, 14 janvier 1992.

Mais c'est le déséquilibre entre les villes et les campagnes qui est le plus spectaculaire.

3.1 L'Amérique latine rurale

La part de l'agriculture dans les PIB manifeste l'importance de ce secteur ; or, malgré l'immensité du sous-continent, les revendications des révolutionnaires mexicains du début du siècle, *Tierra y Libertad* (Terre et Liberté), sont encore latentes aujourd'hui.

La propriété de la terre

Partout la terre a été accaparée par un petit nombre de possédants dès l'époque coloniale ; les besoins alimentaires, l'élevage puis l'agriculture de plantation ont créé les **grands domaines** que les réformes libérales du XIXe siècle ont accrus. À la fin du XIXe siècle, une énorme proportion du sol était la propriété d'une poignée de familles – qui monopolisaient aussi le pouvoir politique –, créant une situation d'étroite dépendance pour leur main-d'œuvre de *peones*, tandis que les petits paysans des *minifundios* et des communautés indigènes, repoussés dans les zones les plus hostiles, vivaient dans le dénuement. La situation s'aggrava au XXe siècle, avec la monoproduction et la pénétration des grandes compagnies nord-américaines, parmi lesquelles la société bananière United Fruit est la mieux connue : rachetant ses concurrents, étendant ses propriétés, elle en vint à dominer les terres tropicales de l'isthme, notamment au Guatemala où son action souterraine contre le projet de réforme agraire du président Arbenz provoqua le coup d'État de 1954.

Le Mexique, cependant, avait été le premier à lancer une **réforme agraire** pour laquelle avaient combattu des millions de révolutionnaires entre 1910 et 1917, comme Emiliano Zapata. La Constitution de 1917 dut, pour les apaiser, lancer un ambitieux programme de réforme des structures agraires, dont l'originalité consistait à maintenir la propriété privée de la terre tout en en réduisant les dimensions, et à recréer le système communautaire de l'*ejido*, affecté en usufruit aux paysans sans terre. Dans les faits, il fallut attendre la présidence populiste de Lázaro Cárdenas pour que cette réforme connaisse des résultats tangibles : 18 millions d'hectares furent distribués dans les années 30. Mais l'exiguïté des parcelles *ejidales*, qu'accentua bientôt l'évolution démographique, le manque de crédits et d'assistance technique ne permirent pas à cette forme d'exploitation d'avoir une production compétitive avec celle du secteur privé ; les *ejidos*, réduits à une agriculture de subsistance, furent ensuite loués ou vendus en dépit de la loi qui les rendait inaliénables, jusqu'à ce qu'une réforme constitutionnelle, en décembre 1991, autorise leur privatisation.

La Bolivie, elle aussi, lança une réforme agraire à la faveur de sa Révolution nationaliste de 1952 et la loi accorda aux *peones* les terres qu'ils cultivaient. Mais ailleurs, il fallut attendre le traumatisme de la Révolution cubaine et les mots d'ordre de la CEPAL et de l'Alliance pour le progrès pour que, craignant la contagion révolutionnaire, la plupart des gouvernements décrètent des lois dites de réforme agraire, qui, en fait, modifièrent peu la structure déséquilibrée de la propriété. Les seules réformes de la propriété dignes de ce nom eurent lieu :

– à Cuba, dans les années 60 : les sucreries nord-américaines furent nationalisées et la plus grande partie des terres furent collectivisées ;
– au Pérou, sous l'action de la Junte militaire progressiste du général Velasco Alvarado (1968-1975) qui transforma les *latifundios* en coopératives ;
– au Chili sous le gouvernement d'unité populaire de Salvador Allende (1970-1973) ;
– au Nicaragua sandiniste enfin, après 1979, où furent expropriées notamment les terres de la famille de l'ex-dictateur Somoza, qui, à elle seule, possédait 20 % de la superficie cultivable du pays.

Mais, là encore, le temps de la réforme dura peu. Sauf à Cuba, la chute de leurs promoteurs condamna ces réalisations. Au Chili, de 1973 à 1982, 70 % des 10 millions d'hectares expropriés par les présidents Frei et Allende furent restitués au secteur privé, qui exporte aujourd'hui des fruits de « contre-saison » produits au Chili durant l'été austral pour être consommés dans les pays occidentaux pendant l'hiver boréal.

Les mutations paysannes

Car dans l'ensemble du sous-continent, depuis les années 60, s'est développée une politique de modernisation capitaliste, la **Révolution verte**, accentuée par les gouvernements répressifs. Elle avait pout but l'augmentation du volume et de la valeur des exportations agricoles, afin de faire rentrer les devises nécessaires à l'industrialisation – puis au service de la dette. Elle répondait aussi à l'expansion des marchés internes du fait de la croissance des classes moyennes, sensibles aux nouvelles modes de consommation alimentaire importées par les grandes multinationales : aliments élaborés, sodas, etc. Les technologies nouvelles, coûteuses (machines, engrais, semences améliorées, pesticides...), ont favorisé une **restructuration du sol** où des exploitations de taille moyenne, mais exploitées intensivement, obtinrent de meilleurs rendements. Cette modernisation a conduit en même temps à une expansion de la superficie cultivée qui, pour l'ensemble de l'Amérique latine, est passée de 50 millions d'hectares en 1950 à 120 millions en 1980, tandis que le nombre de tracteurs était multiplié par 6 et l'utilisation d'engrais par 10.

Mais, dans le même temps, le fossé s'est accentué entre cette agriculture moderne, capitaliste et efficiente, et le secteur privé de moyens à qui est abandonnée l'agriculture de subsistance. Parfois, comme au Mexique, cette dernière, qui fournit le maïs et autres denrées de base, souffre d'un blocage des prix agricoles qui, s'il est destiné à préserver le niveau de vie de l'ensemble des consommateurs, compromet les revenus des producteurs. Mais c'est surtout l'exiguïté des terres qui lèse l'agriculture vivrière : au Pérou, le *minifundio* représente, en 1992, 55 % du nombre des exploitations agricoles, mais seulement 4 % de la superficie des terres arables. Au Salvador, après une réforme avortée, en 1980, du fait de la résistance des grands propriétaires, 71 % du nombre des domaines ont moins de 2 hectares et ne représentent que 10 % de la surface cultivée du pays ; leurs exploitants doivent, pour survivre, se faire embaucher comme saisonniers par les grands producteurs de café, de sucre et de coton, qui représentent 80 % de la valeur des exportations. Au Brésil, devenu le 2e exportateur de soja du monde, et qui a lancé en 1975 un programme *pro-alcool* en utilisant un dérivé de la canne à sucre pour remplacer l'essence et alléger ainsi la facture pétrolière, la valeur des produits de l'agro-industrie a été presque multipliée par 10 par rapport à celles des produits vivriers.

Cette exploitation intensive du sol a, par ailleurs, de **graves consé-**

quences écologiques : sécheresses accentuées, érosion des sols… comme l'a montré le « Sommet de la Terre » qui s'est tenu à Rio de Janeiro en 1992.

Les conflits sociaux

En outre, l'agriculture modernisée est peu consommatrice de main-d'œuvre. Dans toute l'Amérique latine, en 1980, la plupart des 40 millions de paysans recensés étaient des travailleurs agricoles sans terre et souvent saisonniers ou de petits exploitants qui ne contrôlaient qu'une parcelle exiguë, insuffisante pour couvrir les besoins de leurs familles – et de ce fait les deux catégories peuvent se confondre. Ainsi, au Brésil, où 2 % de grands propriétaires contrôlent 50 % du sol cultivable, l'article de la Constitution de 1988 qui prévoit l'expropriation des terres non cultivées au profit des paysans sans terre n'est pas appliqué, du fait de l'opposition des grands propriétaires.

Les paysans apparaissent donc comme la catégorie sociale la plus soumise au sous-emploi et aux situations de pauvreté. Les conflits sociaux sont fréquents dans les zones rurales et souvent d'une grande violence : aux occupations illégales des paysans sans terre, la police, l'armée ou des milices privées répondent par des expulsions, des exactions et parfois des massacres. Nombreux sont les dirigeants syndicaux, les prêtres progressistes et les avocats au service des causes paysannes assassinés au Mexique et surtout au Brésil où, entre 1981 et 1985, 567 assassinats de ce type ont été commis par les *pistoleiros* (tueurs à gages) des grands domaines : le journal espagnol *El País* rapporte (27 février 1993) que l'un d'entre eux offrait ses services par une annonce radiodiffusée pour tuer un évêque défenseur des peuples indigènes d'Amazonie. Cette violence rurale a été exacerbée par l'ouverture de fronts pionniers pour intégrer des terres réputées vierges de l'ouest amazonien ; l'ouverture de routes, le défrichage ainsi que les fouilles des chercheurs d'or *(garimpeiros)* ont déstabilisé des réserves indiennes et chassé le gibier qui les fait vivre. Les *posseiros* – colons attirés dans la zone pour défricher la terre contre la promesse de la posséder en droit au bout d'un an – sont constamment dépossédés par des hommes d'affaires véreux *(grileiros)*, expulsés par des caciques locaux ou des multinationales, au profit de gros projets d'élevage qui utilisent peu de main-d'œuvre. La capacité d'organisation et de négociation de ces paysans pauvres est faible ; ils ont cependant au Brésil, l'**appui des courants progressistes de l'Église** : la Commission pastorale de la Terre, créée en 1975, soutient le *Movimento dos Sem Terra* (MST, Mouvement des Sans Terre) notamment dans ses marches de masse sur Brasilia.

L'illégalité peut prendre d'autres formes : pour pallier leur appauvrissement croissant, des paysans ont été amenés, dans les régions andines, à remplacer des cultures peu productives par une denrée d'un haut rapport, la feuille de coca, utilisée pour élaborer la drogue qui en est un dérivé chimique, la cocaïne. La feuille de coca est mâchée par les paysans de l'Altiplano depuis des siècles. Cette « feuille sacrée » est un complément alimentaire, une source de vitamines et d'énergie indispensable dans ces régions pour lutter contre la fatigue, la malnutrition et le mal des hauteurs *(soroche)*. Mais elle est aussi un élément culturel lié aux pratiques religieuses syncrétiques.

Or, des études ont montré que la **culture de la coca** sert d'exutoire à la main-d'œuvre sous-employée ou sous-payée. En Bolivie, parallèlement à la dégradation des revenus, les surfaces plantées en coca sont passées de 10 000 hectares en 1980 – surface dépassant déjà les besoins traditionnels – à 70 000 hectares en 1988 ; au Pérou – premier fournisseur mondial de coca avec 60 % de la production totale –, on estime que les plantations clandestines de coca représentaient à la même date plus de 150 000 hectares et faisaient vivre approximativement 120 000 familles. Ces chiffres s'expliquent si l'on sait qu'un hectare planté en coca rapporte 3 000 dollars par an, tandis qu'un hectare de café – culture traditionnelle des mêmes zones, dont les cours mondiaux se sont effondrés – ne rapporte que 800 dollars, et l'hectare de cacao 500 dollars. En outre de petites pistes d'atterrissage clandestines permettent un acheminement aisé de la coca vers les laboratoires d'élaboration, puis vers les centres de commercialisation ; au contraire, les produits licites doivent affronter les incertitudes de l'état des routes, des intermédiaires et du terrorisme.

Les États-Unis, gros consommateurs de cocaïne et victimes de ce fléau, consacrent des fonds importants à la répression policière de ces cultures ou de celles d'autres stupéfiants, comme le pavot. Des tentatives d'eradication de la coca et d'encouragement aux cultures alternatives n'ont que des résultats très limités, par manque de stratégie globale et de politiques de financement.

La dénutrition

La préférence accordée aux produits agro-alimentaires de haut rendement, aux cultures d'exportation ou aux denrées illicites a aggravé, pendant la « décennie perdue », les phénomènes de dénutrition. L'Amérique latine, riche en produits agricoles, on l'a vu, a globalement une meilleure disponibilité alimentaire que le reste du tiers monde, avec un accroissement des surfaces cultivées, des rendements et de la production. Elle ne connaît pas les grandes famines qui dévastent sporadiquement l'Afrique pour des raisons climatiques ou politiques. Pourtant, la dénutrition, à terme, peut avoir des répercussions graves sur le développement physique et intellectuel d'une partie des populations.

La dénutrition ne résulte donc pas d'une insuffisance de la production, mais elle est la conséquence de l'inégalité dans la répartition des biens alimentaires, et de choix de production : pour une grande part les cultures vivrières ont fait place à d'autres produits : le Brésil, par exemple, est devenu le deuxième producteur mondial de soja après les États-Unis (1990) et les surfaces cultivées sont en constante augmentation. Or, cette céréale ne fait pas partie de l'alimentation habituelle des Brésiliens ; c'est l'un des principaux produits agricoles d'exportation, destiné à l'alimentation du bétail, pour la viande consommée dans les pays développés. Au Pérou, la production de maïs par habitant est passée de 45 kg en 1970 à 27 kg en 1985, celle de pommes de terre de 140 kg à 78 kg. En même temps, dans le cadre des politiques économiques libérales, les États ont cessé de subventionner les denrées de première nécessité : au Mexique, la CONASUPO, organisme étatique qui assurait le stockage et la commercialisation à prix réduits de ces denrées, ne le fait plus depuis 1986 ; aussi la *tortilla* (galette de maïs utilisée comme pain) a vu son prix brutalement augmenter de 45 % et le Mexique, exportateur de céréales jusqu'en 1971, en est devenu importateur. La consommation des produits les plus nutritionnels – viande, poisson, lait – régresse tandis qu'augmente celle des « aliments-poubelle », composés industriels imposés par les modèles étrangers : le Mexique est ainsi le premier consommateur du monde de coca-cola.

La dénutrition, jusqu'aux années 80, touchait surtout les campagnes ; elle concerne aujourd'hui également les zones urbaines défavorisées, où l'on n'a pas la ressource d'exploiter un potager et où il faut recourir aux aliments importés, d'un prix de revient plus élevé que celui des produits nationaux. Cependant, c'est dans les zones rurales, où la baisse de la production agricole a entraîné la dégradation des revenus, que les conditions de vie sont les plus difficiles. Nombreux sont les paysans qui émigrent à l'étranger ou vers les villes, espérant y trouver des possibilités de promotion sociale.

3.2 L'Amérique latine urbaine

La croissance des villes

Jusqu'au « décollage » des années 40 le sous-continent était essentiellement rural. Avec l'industrialisation naissante et le développement simultané du secteur tertiaire l'urbanisation s'est accentuée : c'est en effet dans les villes, et surtout les capitales, du fait de la centralisation traditionnelle, que se sont organisés ces deux secteurs. Délaissant l'agriculture, les investissements et l'attention de l'État, dans les pays les plus importants, se concentrèrent sur ces secteurs d'activité, y développant des emplois qui, au contraire, faisaient défaut dans les zones rurales. Aussi les paysans, à la recherche de meilleures conditions de vie, commencèrent-ils un long **mouvement d'exode rural** – qui se poursuit actuellement – et qui est à l'origine d'une mutation des sociétés : on estime que, de 1950 à 1976, près de 40 millions de paysans, en Amérique latine, ont émigré vers les villes, attirés par la concentration des emplois. Les ruraux, qui formaient 55 % de la population en 1950, n'étaient plus que 35 % en 1980. En 1950, il y avait 6 villes de plus de 1 million d'habitants dans le sous-continent ; vingt ans après, il y en avait 17 dont Mexico qui, dans les années 70, gagnait près de 1 million d'habitants par an. En 1991, quatre villes – Mexico, São Paulo, Buenos Aires et Rio de Janeiro – dépassent les 10 millions d'habitants. Le déséquilibre entre des espaces presque vides, des villes moyennes rares, et des mégalopoles, centres d'attraction surpeuplés, est aujourd'hui un problème préoccupant.

L'exode rural vers les villes est favorisé par le fait que la production industrielle et le tertiaire sont réunis dans une petit nombre de centres urbains, d'ordinaire les capitales, qui concentrent ainsi les espoirs des ruraux. Même si les **possibilités réelles d'emploi** ont progressivement diminué pour devenir rares dès les années 70, les villes continuent à offrir des éléments de séduction dont ne disposent pas les campagnes : travail, même « informel », logements, hôpitaux, écoles, centres de loisirs et de culture.

Mais cette croissance incontrôlée a progressivement dégradé l'espace urbain et les conditions de vie de ses habitants. Les superficies habitées se sont étendues sans autres limites que celles imposées par la géographie, et la longueur des déplacements est devenue problématique. La multiplication des moyens de transport individuels et collectifs et celle des déchets ont aggravé la pollution, produite par la localisation d'industries en zone urbaine. La création d'équipements -- logements, structures sanitaires et éducatives – a difficilement suivi l'augmentation rapide de la population, et des quartiers périphériques sont apparus partout, bidonvilles précaires ou banlieues populaires, ceintures de pauvreté pour lesquelles chaque pays a inventé un nom plus ou moins métaphorique.

Le **Brésil** a ses *favelas* où ont trouvé refuge les millions de paysans qui ont afflué vers les villes en nombre croissant : 2,7 millions de 1940 à 1950 ; 5,5 dans la décennie suivante ; 10,2 ensuite et plus de 14 millions de 70 à 80. Le président Kubitschek, en 1960, a pourtant voulu décentraliser cet immense pays en créant de toutes pièces au cœur du plateau central une nouvelle capitale, Brasilia – ce à quoi bien plus tard a échoué le président Alfonsín en Argentine. La cité moderne construite par l'architecte Niemeyer, réduite à son rôle administratif, sans activité productive, reste isolée et relativement peu peuplée : moins de 2 millions d'habitants, alors que l'ancienne capitale, Rio de Janeiro, en a plus de 6 et São Paulo, la capitale économique, plus de 11 (chiffres de 1990). La Baixada Fluminense, immense cité-dortoir de Rio, regroupe près de 2,5 millions de personnes, souvent originaires du Nord-Est du pays. Les structures d'accueil y sont insuffisantes : on n'y trouve, par exemple, qu'un seul hôpital ; les emplois sont rares et le dénuement favorise les expédients, la délinquance, la criminalité et les exactions policières en représailles. A São Paulo, la modernité avec ses manifestations les plus prestigieuses jouxte les poches de misère et d'exploitation, la pauvreté et toutes ses conséquences.

On connaît l'une des plus tragiques : la situation des enfants de la rue abandonnés ou en fuite, problème que l'on retrouve à Bogota, Ciudad Guatemala ou ailleurs. Ils seraient 40 millions en Amérique latine en 1992[3], et si, en 1996 selon le CEPAL, 16 à 18 millions de jeunes de 13 à 17 ans travaillaient pour survivre, la plupart, livrés à eux-mêmes, sont condamnés à la criminalité, à la drogue et à la prostitution. Exploités par les truands, ils ont une espérance de vie des plus brèves : au Brésil ils sont devenus la cible d'« escadrons de la mort » commandités par des commerçants ou des trafiquants de drogue, qui auraient assassiné plus de 2 000 d'entre eux entre 1988 et 1991, dans des opérations de « nettoyage ».

Au Pérou, la réforme agraire du Président Velasco Alvarado n'a pas empêché l'exode rural, notamment parce qu'elle n'a pas pris en compte les communautés paysannes ; aussi la population de Lima a été multipliée par 7 entre 1940 et 1981 pour atteindre, en 1990, près de 7 millions de personnes, soit un tiers des habitants du pays, sur une superficie de 400 km². Les égouts de la ville ont été conçus pour une population dix fois moindre, ce qui n'est pas sans rapport avec la propagation de l'épidémie de choléra. Là encore, les « beaux quartiers » de San Isidro ou Miraflores sont proches des *barriadas* où affluent les paysans venus de la Sierra ou des quartiers populaires désignés par l'euphémisme *pueblos jóvenes* (cités jeunes). Le processus est le même qu'un peu partout en Amérique latine : des familles descendent de la *sierra*, en pleine nuit, « envahissent » quelque terre vacante à la périphérie de Lima, y dressent promptement des habitations de fortune, y installent femmes et enfants, et se préparent à affronter les forces de l'ordre… de plus en plus réticentes devant l'épreuve de force. Ensuite, il faudra patiemment résister aux expulsions, négocier la tolérance résignée des autorités, puis l'obtention de services de survie : eau, électricité, dispensaire, école, chaussée asphaltée, transports vers le centre, ce qui peut prendre des années et

3. *El País*, 19 novembre 1992.

dépend de la capacité d'organisation des habitants de la *barriada*. Celle de Villa El Salvador, fondée en 1971, est restée célèbre pour son administration autogestionnaire : c'est que la pratique antérieure de la vie communautaire joue un rôle important, et se manifeste notamment par la solidarité maintenue avec les zones rurales d'origine ; ces relations étroites permettent un minimum d'approvisionnement alimentaire qui assure la survie de la *barriada*.

Mexico, la plus grande ville du monde ?

Mexico, la seule capitale d'Amérique latine fondée sur les ruines d'une ville préhispanique, la Tenochtitlan des Aztèques ou Mexicas – aujourd'hui rattrapée par Tokio et Sao-Paulo – compte environ 17,5 millions d'habitants en 1994, soit l'équivalent de la population totale du Danemark, de la Norvège et de la Finlande. Ce n'est que dans les années 30 qu'elle a dépassé le million d'habitants ; elle en comptait 3 en 1950, 9 en 1970, 14,5 en 1980. Aussi Mexico peut-elle servir de miroir grossissant pour mettre en évidence les problèmes urbains de l'Amérique latine.

La croissance industrielle des années 40 s'est accentuée sous la présidence de Miguel Alemán (1946-1952), par une large ouverture économique à l'étranger : le commerce, la banque et plus généralement le tertiaire ont connu un développement rapide qui a favorisé l'apparition d'une classe moyenne d'employés et d'une bourgeoisie d'affaires. Les constructions se sont multipliées et, en même temps que se modifiait sa composition sociologique, la ville s'est étendue vers la périphérie, horizontalement du fait des risques sismiques de la région. Elle s'est confondue bientôt avec le District Fédéral (DF), siège des pouvoirs de la République fédérale qu'est le Mexique puis, dès les années 60, « a avalé » les villages des alentours et a commencé à déborder sur les états voisins de la Fédération, devenant Zone Métropolitaine de la Ville de Mexico (ZMCM) : sa superficie, de 200 km^2 en 1930, atteignait 800 km^2 en 1980 et serait de 3 900 km^2 en 1993[4].

Ateliers et manufactures s'installaient sans réglementation dans les espaces disponibles, déclenchant un processus de dégradation de l'environnement et de pollution qui allait devenir crucial dans les années 80. Les acti-

4. *La Jornada* de México, 8 mars 1993.

vités commerciales et de services se sont maintenus d'abord dans le « Centre historique », l'ancienne ville coloniale. En même temps les 1 000 à 2 000 personnes sans ressources qui arrivaient chaque jour des campagnes environnantes s'emparaient des interstices du vieux centre, en particulier les anciens « palais » coloniaux à l'abandon et dégradés, dans le voisinage de la ville d'affaires ; l'anthropologue nord-américain Oscar Lewis a rendu célèbres ces *casas de vecindad* (habitations collectives)[5], où s'entassaient des familles nombreuses sans confort ni hygiène. Les flux croissants de migrants ont formé bientôt des bidonvilles, les *ciudades perdidas* (villes perdues) de la périphérie qui, en s'organisant et en s'institutionnalisant, sont devenues les immenses *Colonias Proletarias* (banlieues ouvrières) de Netzahualcoyotl et plus récemment Chalco ; cependant les classes moyennes allaient vivre dans les nouveaux lotissements résidentiels du nord-ouest et de l'ouest, et dans les îlots préservés de Coyoacan et San Angel.

Aux Jeux olympiques de 1968 la ville a pu arborer une façade de modernité – gratte-ciel antisismiques, Cité universitaire, Cité olympique, métro, voie périphérique, musée prestigieux – mais elle continuait à s'étendre dans un processus désordonné et tentaculaire, fondé sur la poursuite de l'industrialisation et la spéculation, processus dont les conséquences sont devenues alarmantes dès la fin des années 70. La ville ne pouvait plus absorber l'exode rural continu ; chômage et sous-emploi créaient une marginalisation croissante de la « ceinture de pauvreté ». Le « travail informel » se multipliait : aux traditionnelles Marías, ces femmes indigènes qui vendent quelques fruits dans les rues centrales, s'ajoutaient les enfants – gardiens de parking, laveurs de pare-brise, vendeurs de n'importe quoi, jongleurs aux feux de circulation ; les marchands ambulants envahissaient les rues et les couloirs du métro ; moins visibles, les *pepenadores* s'installaient sur les immenses décharges de la périphérie pour y pratiquer une économie de récupération.

Les déséquilibres sociaux s'aggravaient, mais on vit bientôt que les problèmes urbains ne concernaient pas la seule population marginale : l'insuffisance de logements, d'égouts, de transports collectifs, l'insécurité touchaient l'ensemble des habitants. L'approvisionnement en eau d'une

5. Oscar Lewis, *Les Enfants de Sánchez*, Paris, Gallimard, 1964.

grande ville située à plus de 2 000 mètres d'altitude et éloignée de cours d'eau importants est un problème : il faut l'acheminer à grands frais sur une distance de 130 km, avec une dénivellation de 1 100 mètres. Surtout, la **pollution** produite par les industries et près de 3 millions de véhicules, et dont les montagnes environnantes empêchent l'évacuation en saison sèche, est désormais la préoccupation majeure. Devant la recrudescence des problèmes respiratoires et oculaires, des mesures d'urgence se sont imposées : modification des horaires scolaires pour protéger les enfants ; interdiction aux automobilistes de circuler un jour par semaine, par roulement, pour limiter le nombre de voitures ; fermeture des industries les plus polluantes en fonction de seuils de contamination…

Deux catastrophes successives ont joué un rôle de révélateur en montrant que les maux dont souffrait la ville étaient aussi le résultat de choix et d'**aberrations qui relèvent du politique** :

– en 1984, l'explosion de la raffinerie de San Juan Ixhuatepec, située dans un faubourg populaire, causa des centaines de morts, blessés et sinistrés ; on a dit de cette installation dangereuse qu'elle avait été construite à une distance prudente de l'agglomération, mais s'était trouvée enserrée dans les quartiers édifiés postérieurement[6] ;

– puis, le 19 septembre 1985, un violent tremblement de terre fit officiellement 30 000 morts, 80 000 familles sinistrées et causa des dégâts considérables en plein centre. Il s'agit là, certes, d'un phénomène naturel, mais ses effets sélectifs ont fait apparaître que les destructions étaient dues moins à la violence du séisme qu'à l'extraction inconsidérée d'eau dans un sous-sol meuble, et aux déficiences de la construction ou de l'entretien souvent imputables à la corruption : il y a eu en effet peu de dommages parmi les vieux édifices coloniaux ou les gratte-ciel construits en conformité avec les normes antisismiques ; mais les écoles, hôpitaux, hôtels, immeubles, édifices publics qui s'effondrèrent sur leurs occupants avaient été bâtis le plus souvent sans respecter cette réglementation.

L'ampleur du désastre a créé une prise de conscience à plusieurs niveaux : si les tentatives de décentralisation ont eu peu d'effet, l'immigration s'est ralentie. Surtout, les efforts de solidarité et d'organisation qu'a éveillés la

6. Une explosion similaire s'est produite en 1992 à Guadalajara, deuxième ville mexicaine.

catastrophe ont fait apparaître une « société civile » soucieuse de défendre ses droits : les sinistrés ont créé des associations, comme ces couturières employées dans des ateliers clandestins dont on a découvert alors l'existence, ou les habitants du quartier populaire de Tepito qui ont entrepris la reconstruction de leurs maisons par leurs propres moyens. Est apparue en même temps une culture urbaine, dont le symbole est le personnage de *Superbarrio* (Superquartier), mi-catcheur, mi-Zorro, émanation de l'assemblée de quartier qui défendait les locataires contre les expulsions et la spéculation, puis a élargi son action à l'ensemble des problèmes urbains et de société, comme la lutte contre la drogue et le sida. Les effets sociologiques du tremblement de terre se sont fait sentir jusque dans l'effervescence inhabituelle qui a entouré les élections générales de 1988.

À Mexico, comme dans les autres grandes villes d'Amérique latine, le problème reste posé : comment concilier la protection du cadre de vie avec le développement ?

4. Les mouvements de population

4.1 L'émigration politique et économique

L'une des causes du développement urbain est l'importance des mouvements de population, qui dépassent les cadres nationaux, et peuvent avoir des motifs divers, politiques ou économiques.

La généralisation des **dictatures et régimes répressifs**, dans les années 80, a provoqué une ample vague d'émigration ; nombreux sont les habitants du cône sud qui ont trouvé refuge en Europe et notamment en France. Les guerres civiles qui ont dévasté l'Amérique centrale, à la même époque, ont déplacé Salvadoriens et Nicaraguayens vers le Costa-Rica, plus paisible, et vers les États-Unis. Pour leur part, 50 000 Indiens guatémaltèques – et parmi eux Rigoberta Menchú –, accusés de servir de base sociale à la guérilla qui combat le gouvernement militarisé depuis plus de trente ans, objets d'une campagne de terreur impitoyable, ont trouvé asile au Mexique, dans des camps de réfugiés, au début des années 80 ; c'est en

1993 seulement qu'ils ont obtenu les garanties nécessaires pour rentrer chez eux.

L'émigration peut être aussi économique : les paysans haïtiens, misérables, n'ont pas la ressource de chercher un emploi dans une grande ville industrialisée ; cherchant à se faire embaucher dans les plantations de canne à sucre de la République dominicaine, nombre d'entre eux passent clandestinement la frontière qui les en sépare et parfois périssent noyés sur leurs rafiots de fortune. Lorsqu'ils réussissent, ils mènent une existence misérable sur les exploitations.

4.2 Les Hispaniques aux États-Unis

En 1990 les États-Unis étaient le cinquième pays hispanophone, après le Mexique, l'Espagne, l'Argentine et la Colombie ; les *Hispanos* y étaient 20 millions en 1980, sur une population totale de 226 millions ; ils seraient 30,7 millions en 1998 soit 11,3 % de la population des États-Unis, si l'on considère que chaque année 1 million de Latino-américains au moins – 1,4 million de personnes ont été capturées et refoulées en 1993 – traversent clandestinement la frontière qui sépare le Mexique de son voisin. En outre, leur taux de natalité élevé par rapport à la population majoritaire en fera bientôt la première minorité nord-américaine, devant les Noirs.

Dispersés sur tout le territoire, ils sont particulièrement nombreux dans les grandes villes, dans les États du Sud voisins du Mexique et forment 40 % de la population de Los Angeles. On estime en effet que 60 % d'entre eux sont originaires du Mexique ; 12 % viennent de Porto-Rico, les autres de tout le continent. On compte de nombreux Cubains anti-castristes, qui ont formé une colonie prospère à Miami, mais aussi des Dominicains, des Salvadoriens, des Colombiens, parfois réfugiés politiques fuyant les guerres civiles. Un petit nombre d'entre eux jouit d'un statut légal, comme les Cubains ou les Portoricains, dont l'île a le statut d'« État libre associé » aux États-Unis (sorte de protectorat) ; les autres, *indocumentados* (clandestins), ont des conditions de vie pénibles, un faible niveau éducatif et de grandes difficultés d'adaptation. Une réforme législative prévoit même de les priver des services de santé et d'éducation.

Le cas des Mexicains est significatif puisqu'il concerne les deux catégories : d'une part les *Chicanos*, qui ont la nationalité nord-américaine, d'autre part les *indocumentados*. En 1848, en effet, le traité de Guadalupe Hidalgo a livré aux États-Unis la moitié du territoire mexicain d'alors – les actuels États de Californie, d'Arizona, du Nouveau-Mexique, du Texas. La population de ces territoires ne dépassait pas 100 000 personnes ; elles obtinrent le droit de conserver leurs terres, ainsi que leur langue et leur culture – et connurent plus tard un processus de métissage culturel en s'imprégnant de culture saxonne. De nouvelles vagues d'immigrés mexicains renforcèrent cette minorité au gré de la conjoncture et des besoins ponctuels de main-d'œuvre aux États-Unis : la deuxième guerre mondiale ou la guerre de Corée, par exemple, favorisèrent des « programmes *braceros* » (importation d'ouvriers agricoles). Beaucoup de ces Mexicains purent légaliser leur situation, adopter la nationalité nord-américaine, tout en conservant des éléments de leur culture d'origine : en 1970 ils créèrent le mouvement ***chicano*** – abréviation de *mexicano* –, organisation multiforme autour d'une histoire, d'une culture, d'une idéologie, de demandes communes.

Les Chicanos se défendent d'être des immigrés et se veulent les héritiers des vaincus de 1848 ; ils manifestent cette identité dans leurs radios, une chaîne de télévision, des journaux, et surtout un théâtre original et un muralisme où s'expriment leurs revendications culturelles – droit à l'enseignement bilingue – et leurs problèmes matériels. L'un de leurs premiers leaders fut le syndicaliste César Chávez, qui défendit les ouvriers agricoles de Californie et réussit à améliorer leur sort en organisant de grandes grèves.

Mais aujourd'hui les relations sont conflictuelles entre Chicanos, enracinés et soucieux de défendre leurs droits acquis, et clandestins, prêts à accepter les pires conditions de travail : ces jeunes paysans traversent la frontière illégalement, fuyant la *migra* (patrouille de contrôle), grâce à des *coyotes* (passeurs), par les déserts de l'Arizona où certains trouvent la mort, ou en traversant à la nage le Rio Grande (ce sont les *espaldas mojadas* – dos mouillés), main-d'œuvre à bon marché que les patrons emploient malgré les risques d'amendes. Ils font partie du contentieux entre le Mexique et les États-Unis, que le Traité de libre commerce devrait contribuer à résoudre.

5. Les Indiens : exclus de l'intérieur

Si les Hispanos forment une minorité marginalisée aux États-Unis, l'Amérique latine a aussi ses exclus de l'intérieur, ceux que l'on appelle Indiens par suite de l'erreur géographique de Christophe Colomb et qui, cinq cents ans après, revendiquent parfois ce nom.

L'Européen de la colonisation, d'un ethnocentrisme marqué, vit dans l'indigène américain non un « semblable » dans son humanité mais, par ses différences culturelles, un *autre*[7] dont les croyances, les pratiques religieuses et les formes de vie ne semblaient pas acceptables, et qu'il importait d'intégrer à la civilisation européenne. Aussi les Indiens furent-ils considérés comme des mineurs devant être éduqués. Cette **attitude paternaliste** se transforma aisément en condescendance, subordination, exploitation : quand ils ne furent pas réduits à l'état de main-d'œuvre servile, les Indiens furent expulsés dans les lieux les plus hostiles, privés de leurs territoires traditionnels, agressés dans leurs modes de vie communautaires et leurs coutumes.

Ce type de relations, dans les faits, empêcha l'intégration, à égalité de situation, des vaincus de la Conquête à la société des vainqueurs, et fit d'eux une **minorité**, y compris dans les pays où ils sont aujourd'hui la majorité numérique ; le mot « minorité » s'entend alors par rapport à la société dominante qui sert de référence, comme une survivance archaïque, un statut social considéré comme inférieur, voire un frein au développement, même s'il n'y a pas de discrimination de droit.

Le terme « Indien », imprécis, semble ainsi recouvrir une catégorie sociologique et culturelle plus qu'un trait biologique ; vraisemblablement, en effet, après cinq siècles, seuls les groupes les plus isolés ont pu échapper au processus de métissage. On pourrait donc entendre par le mot « Indien » les hommes et les femmes qui se reconnaissent dans une ethnie différenciée par son organisation sociale, sa langue précolombienne, sa culture, ses aspirations. Au début des années 1990, on estime que 30 à 40 millions de personnes en Amérique latine répondent à cette définition (soit environ 10 % de la population totale), les trois quarts d'entre elles vivant en

7. Tzvetan Todorov, *La Conquête de l'Amérique, la question de l'autre*, Paris, Seuil, 1982.

Amérique centrale et dans la zone andine. Les Indiens formeraient près de 60 % de la population de la Bolivie et du Guatemala, peut-être la moitié de celle du Pérou et de l'Équateur, à peine 10 % de la population mexicaine et seraient très peu nombreux dans le cône sud. Les 400 ethnies recensées en Amérique latine comptent parfois un très petit nombre de membres et sont alors menacées de disparition ; une dizaine, en revanche, rassemblent une majorité de la population indienne, notamment les groupes *quechua* et *aymara* des Andes, *quiché* du Guatemala, *náhuatl* du Mexique. Par ailleurs, même si les Indiens, aujourd'hui, restent très pauvres et discriminés, le stéréotype du paysan traditionnel et isolé ne correspond plus entièrement à la réalité : beaucoup d'entre eux ont émigré en ville et ont formé, à Lima ou Mexico, des noyaux communautaires qui maintiennent des réseaux de solidarité avec leurs villages d'origine.

Si la colonie et le XIXe siècle ont discriminé l'Indien, le XXe siècle a reconsidéré sa place au sein des sociétés. Au Pérou, Mariátegui a dénoncé ses conditions de vie et l'usurpation de ses terres. Le Mexique, en 1940, a donné une dimension continentale à la question en convoquant le premier Congrès indigéniste interaméricain. Mais ces initiatives, dans le prolongement du paternalisme colonial, se proposaient d'intégrer l'Indien à la société dominante, de l'assimiler au prolétariat rural, en niant son identité culturelle. Outre qu'elles ont eu des effets limités, elles se sont heurtées progressivement à la volonté de certains groupes indiens de préserver leur culture. Dans tout le continent s'est manifesté, à partir des années 70, ce que l'on a appelé le **« réveil indien »** : la faillite des programmes sociaux, les avancées agro-industrielles vers des territoires occupés par les peuples indiens, la répression de leurs résistances, notamment au Brésil et au Guatemala, ont fait apparaître de nouvelles organisations à caractère ethnique, à l'initiative, cette fois, des Indiens eux-mêmes ; à l'opposé des politiques assimilationnistes signifiant la perte d'une identité originale est ainsi née une conscience indienne.

Bien qu'un courant « indianiste » extrémiste, en Bolivie, préconise la reconstitution de l'ancien Empire inca, dans la plupart des cas il s'agit de créer un espace de revendication pour des valeurs propres : autogestion, droit à la terre comme instrument de production mais aussi comme fondement d'une organisation sociale communautaire et d'une culture, reconnaissance des langues indigènes et droit à l'enseignement bilingue. Les organisations, d'abord régionales, ont pris une dimension nationale puis internationale : en 1977, a été créée la Coordination régionale des Peuples indiens d'Amérique centrale (CORPI) ; en 1980, le Conseil indien d'Amérique du Sud (CISA), qui réunit des délégations de tout le sous-continent et revendique le terme « indien » pour substituer à son contenu paternaliste un sens de revendication anti-colonialiste. Ces deux organisations adhèrent au Conseil mondial des peuples indigènes mis en place au Canada en 1975.

Les gouvernements ont dû prendre en compte leurs revendications, au moins dans les textes : la Constitution brésilienne de 1988 a entériné les droits des Indiens sur les terres occupées traditionnellement par eux ; le Mexique, en 1991, dans un amendement à sa Constitution, a reconnu la formation pluriculturelle de la nation.

Le cinquième centenaire de 1492 a dynamisé ce mouvement : de grandes rencontres continentales ont été organisées, notamment à Quito (Équateur) en 1990 puis en 1991 à Quetzaltenango (Guatemala). On y a rejeté unanimement la « célébration » de ce qui, pour les populations autochtones, a été un génocide ; mais en même temps, le collectif « Cinq cents ans de résistance indigène, noire et populaire », en adoptant ce nom, a reconnu que les Indiens latino-américains d'aujourd'hui ont bien des revendications en commun avec d'autres groupes sociaux, marginalisés comme eux dans l'organisation sociale du continent. C'est ce que mettait en évidence, le 1er janvier 1994, le soulèvement du Chiapas, zone du sud du Mexique à forte population indienne : refusant d'être plus longtemps exclus des choix d'un État qui venait de signer un traité commercial avec les États-Unis, les révoltés, sous le nom d'Armée Zapatiste de Libération Nationale (EZLN), réussissaient à amener le gouvernement à la table des négociations ; un premier accord, en janvier 1996, reconnaissait sur le papier l'autonomie des communautés indigènes et leurs systèmes traditionnels d'auto-gouvernement ; mais trois ans après, ces accords ne sont toujours pas appliqués.

6

LA VIE POLITIQUE LATINO-AMÉRICAINE

Au milieu de notre siècle, l'Amérique latine semblait pouvoir sortir du sous-développement ; mais la crise de la dette, les politiques d'austérité et le modèle néo-libéral adopté dans les années 80 ne permirent pas de résoudre les problèmes sociaux les plus aigus. Cette situation met en évidence un divorce flagrant entre État et Nation, entre la classe politique responsable des choix économiques et les groupes populaires qui en subissent les frustrations, divorce préoccupant pour la stabilité du sous-continent.

1. Les modèles politiques et les réalités sociales

Lorsque, au début du XIXe siècle, la plupart des colonies ibériques proclamèrent leur Indépendance, elles durent choisir un système de gouvernement. Dans leur héritage latin elles trouvèrent la **forme républicaine**, diffusée par la Révolution française et valorisée par la réussite de la jeune et dynamique République fédérale des États-Unis d'Amérique du Nord. La République s'imposa donc – à l'exception du Brésil, où la famille royale portugaise, chassée par Napoléon, avait trouvé refuge, et qui ne devint républicain qu'à la fin du siècle. Cependant, partout, les libertés fondamentales et la démocratie représentative, en théorie émanation du suffrage populaire, qui définissent la forme républicaine, restèrent une fiction, en butte à des restaurations monarchistes ou à des *pronunciamientos* militaires.

Le système représentatif repose sur un consensus qui suppose un équilibre relatif entre les diverses forces sociales, et l'acceptation par les minorités des choix des majorités. Si l'Occident industrialisé tendait vers cet équilibre, le dualisme prononcé des sociétés latino-américaines creusait un fossé profond entre des oligarchies, soucieuses de préserver un *statu quo* qui les privilégiait, et des masses dont la misère et l'ignorance faisaient moins des citoyens conscients des enjeux politiques que des instruments aisés à manœuvrer. Le handicap colonial, le retard du développement économique et l'aggravation des inégalités sociales permirent donc rarement de faire coïncider les états de société avec les formes de gouvernement. Aussi l'évolution politique du continent latino-américain, depuis son Indépendance jusqu'à aujourd'hui, peut-elle apparaître schématiquement comme un mouvement de **balancier entre autoritarisme et révolte** : autoritarisme des « gouvernements de fait », dictatures militaires ou civiles qui renversent ou dénaturent les pouvoirs de droit ; révoltes, révolutions ou guérillas qui tentent de conquérir, par la violence, un espace pour l'expression de revendications qui ne peuvent s'exprimer dans la légalité. Peu nombreuses sont les nations latino-américaines qui ont pu, durablement, préserver, avec le libre jeu des institutions démocratiques, leur stabilité et leur crédibilité politiques.

Dans la première moitié de notre siècle, les régimes autoritaires sont des **dictatures personnelles** : un homme qui arbore le titre de « président de la République », souvent un militaire bénéficiant d'un prestige acquis dans l'action armée, le *caudillo*, concentre, dans les faits, tous les pouvoirs entre ses mains après avoir écarté le contrepoids législatif et judiciaire, manipulé les institutions et les élections pour se maintenir au pouvoir, muselé les oppositions et organes de contrôle comme la presse. À la charnière des XIXᵉ et XXᵉ siècles, certaines de ces dictatures, se réclamant du slogan positiviste « Ordre et Progrès » – celle de Porfirio Díaz qui gouverna le Mexique de manière presque ininterrompue de 1876 à 1910, par exemple –, ont pu amorcer une modernisation des structures ; mais ce fut au prix d'un accroissement des inégalités sociales que mit en évidence, en 1910, l'explosion de la Révolution mexicaine. Si, après la deuxième guerre mondiale, ces dictatures se multiplient dans les Caraïbes et en Amérique centrale, c'est que les États-Unis les utilisent pour garantir leurs intérêts économiques dans la zone : au Guatemala Estrada Cabrera (1898-1920) puis Ubico (1931-1944), Machado à Cuba (1924-1933), Trujillo en République dominicaine (1930-1961)… tiennent sous leur coupe ces « Républiques bananières », « arrière-cour » des États-Unis, y réprimant toute tentative d'opposition nationaliste ou sociale ; certaines de ces tyrannies d'un autre âge vont jusqu'à transmettre héréditairement le pouvoir : au Nicaragua se succèdent trois Somoza (1937-1956, 1956-1963, 1967-1979) et à Haïti, au Docteur Duvalier, « Papadoc » (1957-1971), succède son fils, « Baby Doc » (1971-1985).

L'implication de la grande puissance voisine dans les affaires latino-américaines rend donc en partie formelle l'autonomie politique du sous-continent. Aussi convient-il de s'arrêter sur ce point.

2. L'Amérique latine et les États-Unis

Indépendants en 1776, les États-Unis d'Amérique du Nord n'ont acquis que progressivement la puissance qui est la leur ; cependant, dès 1823, au moment où renaissaient les absolutismes en Europe, et où l'Espagne semblait vouloir tenter une reconquête de ses anciennes colonies, le président Monroe déclaıait que les États-Unis n'accepteraient aucune intervention européenne sur le continent. Cette « doctrine » que l'on résume par l'expression « L'Amérique aux Américains » allait fonder l'**interventionnisme nord-américain** dans les affaires de ses voisins continentaux, sous des formes diverses.

Lorsque, à la fin du XIXe siècle, les treize anciennes colonies britanniques se furent étendues à l'ouest, au nord et au sud – notamment aux dépens du Mexique – et se furent développées industriellement, leur expansionnisme chercha de nouveaux débouchés.

2.1 Cuba et Panama

Les premières opérations dans ce sens montrent comment les États-Unis purent, en intervenant dans une guerre d'Indépendance – celle de Cuba – ou dans la création d'un nouvel État – Panama – affirmer leurs intérêts économiques et politiques.

Ils avaient, à Cuba, de puissants intérêts, sucriers notamment ; la situation stratégique de l'île toute proche, verrou du continent, avait aussi éveillé leur convoitise et ils avaient tenté d'acheter l'île à l'Espagne. La guerre d'Indépendance de Cuba (1895-1898) fut l'occasion d'implanter une nouvelle forme de colonialisme : l'appui prêté aux insurgés leur permit d'intervenir dans les négociations, et le traité de Paris qui reconnut l'indépendance de l'île fut assorti d'un additif, l'amendement Platt, qui accordait aux États-Unis un droit d'intervention ; sur ces bases Cuba se trouva sous contrôle nord-américain jusqu'à la Révolution de 1959. Par le même traité, l'Espagne dut céder aux États-Unis Porto Rico et l'archipel des Philippines, dans le Pacifique.

Dans le même temps, l'expansion des échanges économiques exigeait le développement des communications, avec une possibilité de passage rapide entre les deux océans. Du fait de la configuration continentale, la solution d'un canal dans la région de Panama, province colombienne, s'imposa. Les États-Unis firent jouer les tendances sécessionnistes de Panama, qui se déclara État indépendant en 1903, puis céda la zone du futur canal aux États-Unis, avec droit d'intervention. Le canal fut inauguré en 1914, et la zone devint un centre stratégique d'une grande importance.

Dans ces deux cas, c'est la naissance de ces États qui permit aux États-Unis de s'immiscer dans leurs affaires intérieures. Mais cette possibilité allait devenir insuffisante.

2.2 La politique du « gros bâton » et la « diplomatie du dollar »

En 1889, lors de la Première conférence panaméricaine de Washington, les États-Unis s'étaient efforcés de formaliser des liens politiques et économiques avec leurs voisins du sous-continent, suscitant leur méfiance. Dans les années suivantes, vont se mettre en place les deux stratégies complémentaires, l'une politique et militaire, l'autre économique, qui assureront l'hégémonie nord-américaine en Amérique latine au XXe siècle.

En 1904, le président Théodore Roosevelt déclara que l'instabilité de leurs voisins pouvait conduire les États-Unis à jouer le rôle d'une police internationale, définissant ainsi la politique dite du *big stick* (« gros bâton »). Ce corollaire de la « doctrine » Monroe allait « légitimer » des occupations militaires qui placèrent l'Amérique centrale et les Caraïbes sous contrôle nord-américain, et firent de la région une sorte de mer intérieure nord-américaine : Cuba (1898-1901, 1906-1909, 1917-1923), République dominicaine (1904-1924), Nicaragua (1911-1932), Haïti (1915-1935)... Ainsi était assurée une stabilité politique qui favorisa la mise en place de l'emprise économique nord-américaine sur la région, grâce à une politique d'investissements massifs que le président Taft en 1909 a définie comme la « diplomatie du dollar ». Si cet expansionnisme fut moins voyant en

Amérique du Sud, la dépendance économique s'y affirma également. Il fallut parfois, pour ce faire, éliminer des rivaux européens : le meilleur exemple en est la meurtrière **guerre du Chaco** (1932-1935) qui opposa militairement la Bolivie et le Paraguay, mais où s'affrontèrent deux compagnies pétrolières, la Standard Oil nord-américaine et la Royal Dutch anglo-hollandaise, pour la possession des territoires désertiques du Chaco, réputés riches en gisements pétroliers, ce qui ne se confirma pas.

2.3 L'Amérique latine, un enjeu ?

Mais l'enjeu que constituait l'Amérique latine dans la politique des États-Unis apparut surtout après la deuxième guerre mondiale, dans le contexte de la lutte d'influence entre le monde occidental et le monde socialiste. Suivant la doctrine Truman, les États-Unis prêtèrent leur appui à des gouvernements qu'ils estimaient suffisamment autoritaires pour **combattre les théories et les programmes socialistes**, favorisant ainsi les dictatures aux dépens des démocraties. Sur ces bases fut signé en 1947 un Traité inter-américain d'assistance réciproque (TIAR) et, en 1948, la Conférence panaméricaine devint l'Organisation des États américains (OEA). Celle-ci, en assurant une cohésion continentale, allait combattre tout mouvement réformiste suspecté de « communisme ». Dès 1946 avait été créé, dans la zone du canal, au Panama, un centre de formation des officiers latino-américains et d'entraînement à la lutte anti-subversive, nommé plus tard École des Amériques. Ces organismes, auxquels il faut ajouter la Central Intelligence Agency (CIA), servirent de points d'appui à de nombreuses interventions militaires et diplomatiques des États-Unis en Amérique latine, et à la protection des intérêts économiques de la grande puissance dans le sous-continent :

– en 1954, l'OEA condamna la réforme agraire promulguée au Guatemala par le colonel Arbenz, qui menaçait les intérêts de la United Fruit Co, et soutint une intervention contre-révolutionnaire qui mit fin à ce régime progressiste ;

– après la tentative d'invasion anti-castriste de Playa Girón, l'OEA, en 1962, exclut Cuba et décréta contre l'île un embargo commercial renforcé en 1996 par la loi Helms-Burton ;

– en 1965, l'OEA couvrit une intervention militaire du même type en République dominicaine ;
– en 1989, une invasion de troupes nord-américaines à Panama renversa le régime, d'ailleurs contestable, du général Noriega, dix ans avant la date fixée pour la restitution à Panama de la zone du canal.

Des formes indirectes d'appui à la contre-révolution furent aussi employées avec succès au Chili, en 1973, contre le gouvernement du président élu Salvador Allende, et plus tard contre le Nicaragua sandiniste et les forces révolutionnaires salvadoriennes.

Aujourd'hui, après la disparition du bloc socialiste et le ralliement de l'ensemble de l'Amérique latine à la démocratie formelle et au libéralisme, les États-Unis reconnaissent que des « erreurs » ont été commises dans le passé. Cuba seule fait encore exception aux relations normales entre les deux ensembles du continent. Mais la persistance des problèmes sociaux et, de ce fait, la menace de conflits armés et l'existence de foyers insurrectionnels dans de nombreuses zones pourraient avoir des conséquences sur l'avenir de ces relations. Les interventions nord-américains dans la région ne sont donc pas étrangères aux déficiences du fonctionnement démocratique.

3. Pouvoirs de droit, pouvoirs de fait

« On disait autrefois que la constitution avait "une fonction décorative dans le palais d'un *caudillo*". Il en est à peu près toujours de même, en dépit des changements intervenus[1]. »

3.1 Pouvoirs de droit[2]

Les républiques latino-américaines, à leur naissance, se sont donné comme modèles les **constitutions et institutions politiques françaises et nord-américaines** : séparation des pouvoirs, parlementarisme, déclaration des

1. Jacques Lambert, Alain Gandolfi, *Le Système politique de l'Amérique latine*, Paris, PUF, 1987.
2. Ces pages n'ont d'autre ambition que de faire comprendre certains phénomènes ; pour situer les exemples proposés dans leur contexte on se reportera à la chronologie figurant en annexe et à la bibliographie.

droits et libertés fondamentales. Au début des années 70, on pouvait croire que les pays du cône sud, Uruguay, Chili, Argentine, avaient atteint une stabilité et une culture démocratiques que l'on attribuait au niveau de développement et à l'importance de l'immigration européenne. On vit cependant, dans cette décennie, qu'il n'en était rien puisque ces pays tombèrent dans les pires dictatures qu'ait connues le sous-continent. Aujourd'hui, le petit Costa-Rica (3,7 millions d'habitants) est peut-être, malgré une forte agitation sociale, la seule démocratie qui prête peu le flanc aux critiques et a pu, de ce fait, jouer un rôle diplomatique dans le règlement des conflits centre-américains à la fin des années 80.

En 1917, après la Révolution, la Constitution mexicaine de Querétaro ajouta aux droits fondamentaux une **législation sociale** qui, promulguée avant la Révolution soviétique, fit la fierté des Mexicains : une « rue Artículo 123 » à Mexico, célèbre le texte qui institua la journée de travail de huit heures, le salaire minimum, la protection sociale, le droit de grève, etc. Ces droits, imités par de nombreuses constitutions latino-américaines, relèvent cependant d'avantage de l'idéal à atteindre que d'un impératif, du fait des dysfonctionnements sociaux, et l'ensemble des dispositions constitutionnelles est remis en cause dans certaines conjonctures : la suspension des garanties constitutionnelles, l'état d'exception, l'état de siège, la censure ou la suspension de la presse peuvent être décrétés en cas de troubles intérieurs et parfois être prolongés. Le cas du Chili, de 1973 à 1988, est bien connu, mais on peut également citer le Paraguay, la Colombie, le Guatemala, l'Argentine, le Salvador, le Pérou. Les organisations internationales non gouvernementales (Amnesty International par exemple) rendent compte de la violation des libertés individuelles, de l'arbitraire policier, de la torture, des exécutions sommaires : la dictature militaire argentine (1976-1983) a ainsi « inventé » la catégorie des disparus.

Comme aux États-Unis, le **régime présidentiel**, qui accorde au président de la République, pendant son mandat, des pouvoirs importants, parut le plus propre à prévenir d'éventuelles tentations centrifuges ; dans les faits, il peut dissimuler des dictatures sous les formes constitutionnelles. Si, par exemple, bien des constitutions tentent de limiter dans le temps le pouvoir présidentiel en interdisant la réélection, cette disposition est souvent tournée par différents moyens. Ainsi, au Venezuela, le général Juan Vicente Gómez, type même du *caudillo*, parvenu au gouvernement par un coup d'État en 1908, se fit légitimer par une réforme constitutionnelle en 1910, et conserva la réalité du pouvoir jusqu'à sa mort en 1935, tout en laissant les apparences du gouvernement aux présidents périodiquement élus. Au Mexique, de même, Plutarco Calles, président de 1924 à 1928, conserva les rênes du pouvoir jusqu'en 1934, dominant la période dite du Maximato. D'autres présidents-dictateurs préférèrent faire proroger leur mandat par des réformes constitutionnelles successives, votées par des Parlements aux ordres : ce fut le cas, entre autres, de Porfirio Díaz au Mexique (1876-1910), d'Estrada Cabrera au Guatemala (1898-1920). Plus récemment, au Paraguay, le général Rodríguez, après avoir renversé le général-dictateur Stroessner, s'est fait élire président en 1989.

Le Mexique est l'un des cas où le double jeu des apparences démocratiques et d'une réalité autoritaire est particulièrement accompli puisque s'y maintenait, depuis une soixantaine d'années, une stabilité inconnue dans le sous-continent. Ce pays dispose de tout l'appareil pluraliste des systèmes représentatifs : Chambres, Cour de justice, partis, syndicats, presse. Les élections s'y déroulent à date fixe et le président de la République, non rééligible, est élu tous les six ans. Toutefois, des pratiques spécifiques font du système mexicain ce que l'écrivain péruvien Vargas Llosa appelle une « dictature parfaite », celle du Parti révolutionnaire institutionnel (PRI), omniprésent dans toutes les instances : le président de la République est l'émanation de ce parti depuis sa création en 1929 ; c'est lui qui désignait son successeur par le *dedazo* (« coup de doigt ») et le candidat du PRI, y compris E. Zedillo en 1994, a toujours été élu jusqu'à ce jour, rendant ainsi vaine toute possibilité réelle de choix des électeurs parmi les candidats des autres partis. Toutefois les assassinats de hauts dirigeants du PRI, la même année, et la progression des oppositions ont mis le système en crise.

Cependant, l'arbitraire appelant l'arbitraire, certains « présidents » issus de la force ont été renversés par la force des **coups d'État** ou des révolutions : ainsi la Bolivie, depuis son Indépendance en 1824 jusqu'aux élections de 1989, n'a pas eu moins de 74 présidents dont la moitié ont été portés au pouvoir non par des élections mais par la violence. Dans ce cas, en principe, c'est un « homme fort », un militaire le plus souvent, qui remplace le président, élu ou « homme fort ». Récemment, toutefois, on a assisté à des scénarios originaux : au Pérou, en 1992, c'est le président élu Fujimori lui-même qui par un *autogolpe* a dissous les Chambres et renforcé son pouvoir personnel, pour faire face au terrorisme, selon ses déclarations, imité en cela, en 1993, par le président Serrano du Guatemala. Ce dernier n'a cependant pu faire accepter son coup de force et a été démis de ses fonctions par l'armée peu après.

Certains faits récents montrent, cependant, que les mécanismes de contrôle du pouvoir présidentiel continuent à fonctionner dans certains pays : c'est ainsi qu'au Brésil à la fin de 1992, puis au Venezuela en 1993, les présidents Collor et Pérez, accusés de corruption, ont été contraints de démissionner.

Le cas du PRI mexicain montre que les **partis politiques** ne peuvent pas aisément jouer leur rôle de rassemblements représentatifs des forces sociales. La faiblesse de la cohésion et de la conscience politique, dans les campagnes notamment, a surtout fait des partis latino-américains, jusqu'à une date récente, des groupes de pression ou des structures formelles aux programmes fluctuants ou flous : ainsi, l'Alliance populaire révolutionnaire américaine (APRA), fondée au Pérou en 1930 sur des bases anti-impérialistes et indigénistes, a-t-elle vite abandonné cette orientation. Il peut en résulter des pactes d'alternance entre formations sans véritable définition doctrinale, sans prise sur la réalité, comme en Colombie entre 1958 et 1970, ce qui empêche toute véritable représentation des forces sociales.

Dans un continent marqué par les inégalités sociales, on aurait pu s'attendre à une mobilisation de partis de gauche. Or, la diabolisation des idéologies se réclamant du marxisme par la politique nord-américaine a longtemps rejeté les partis communistes, socialistes ou même progressistes dans la clandestinité puis la marginalité, provoquant, de fait, une polarisation dont rend compte le renversement par l'armée du gouvernement socialiste chilien en 1973. D'autre part, le développement de la gauche latino-américaine a été freiné par les partis populistes – comme le péronisme ou justicialisme en Argentine et le gétulisme au Brésil. Dans la conjoncture économique favorable de la deuxième guerre mondiale, ces partis, inspirés par le fascisme européen, ont pu améliorer les conditions de vie du prolétariat urbain apparu avec l'industrialisation ; mais cette façade progressiste a souvent servi le pouvoir personnel démagogique de leaders « charismatiques », comme le montre l'itinéraire du général Perón, dont le retour en Argentine sous les ovations, en 1972, a fait le lit de la Junte militaire. Aujourd'hui, le président Menem, qui se réclame du péronisme, a mis en œuvre une politique économique ultralibérale en opposition totale avec le dirigisme et le nationalisme que prônait Perón. Ces contradictions sont fréquentes et manifestent le discrédit des partis traditionnels : en Bolivie, en 1997, le MIR a fait alliance avec l'ex-dictateur Banzer pour le porter à la présidence, et en décembre 1998 le Vénézuela s'est donné comme président le colonel Hugo Chavez, auteur d'un coup d'état militaire en 1992.

Outre l'absence de lignes fermes, les partis, dans un continent où la culture démocratique est faible, fonctionnent souvent grâce à des mécanismes de « clientélisme » : quelques faveurs achètent des votes, et la pratique appelée au Mexique *acarreo*, qui consiste à transporter d'office un village ou le personnel d'une entreprise au meeting pour y acclamer le candidat, est courante. Le poids de l'habitude, le prestige des *licenciados* et le cas échéant la fraude font également obstacle à la libre expression du suffrage. La frustration des opposants ne peut alors se manifester que dans l'abstention ou dans la violence.

Les **syndicats** ne sont pas non plus représentatifs des forces du travail ; dans ces pays à forte dominante rurale, ils sont apparus tard, avec le développement du prolétariat industriel, en particulier dans les pays du cône sud. Les populismes ont su les rallier à l'État, par l'intermédiaire de leurs dirigeants, et les utiliser : la Confédération générale des travailleurs a apporté son soutien à Perón et la Confédération des travailleurs mexicains (CTM) est restée un instrument de stabilité, comme le montre le récent *Pacto social* entre le gouvernement et les salariés. Aussi les syndicats sont-ils souvent privés d'autonomie réelle. Ils peuvent cependant devenir des groupes de pression : ainsi, la puissante Centrale ouvrière bolivienne (COB), syndicat des mineurs de l'étain, représentant une élite ouvrière dans un pays rural comme la Bolivie, a pu contribuer à l'instabilité du pays par son « maximalisme ».

Le « quatrième pouvoir » qu'est la **presse** ne peut jouer ce rôle qu'en l'absence de contrainte. Aussi les atteintes à la démocratie en font-elles un instrument du pouvoir – la part qu'a pris le journal *El Mercurio* dans la prise du pouvoir par la Junte, au Chili en 1973, est bien connue – ou la privent-elles de la liberté d'informer : Cuba a une presse monolithique et, partout, la télévision, fortement tributaire de l'entreprise privée et des monopoles étrangers, est, pour l'essentiel, subordonnée aux pouvoirs en place. Outre les cas de désinformation, de censure, de corruption de journalistes, de condamnations et fermeture de journaux, nombreuses sont les agressions parfois meurtrières contre les journalistes indépendants, notamment en Colombie, au Guatemala, au Pérou, au Paraguay, à Haïti et même dans un pays pluraliste comme le Mexique.

3.2 Pouvoirs de fait

On voit comment l'incapacité des pouvoirs constitutionnels, représentants du corps social, à résoudre les problèmes réels de leurs mandants, réduit souvent leur légitimité à une apparence. En cas de radicalisation des conflits sociaux, l'État, contesté, privé du soutien national, ne peut faire face à une situation insurrectionnelle.

• **L'armée,** dont la vocation est la défense de la souveraineté nationale face à l'extérieur, peut être appelée à empêcher la déstabilisation et le changement social ou s'attribuer elle-même cette fonction de maintien de l'ordre. Malgré des conflits frontaliers, les États latino-américains se risquent peu à des guerres internationales excepté, dans la deuxième moitié du XXe siècle, la guerre entre le Salvador et le Honduras de 1969, celle des Malouines entre l'Argentine et la Grande-Bretagne en 1982 et, en 1995, la guerre frontalière entre le Pérou et l'Équateur. Mais cette paix extérieure contraste avec les très nombreuses actions militaires intérieures qui ont fait, par exemple, 150 000 morts dans les années 80 en Amérique centrale, au Salvador et au

Guatemala surtout. Ces interventions internes de l'armée expliquent que, dans bien des pays, les dépenses d'armement aient longtemps dépassé les dépenses de santé et d'éducation : en 1985, au plus fort de la crise de la dette, l'Amérique latine aurait consacré près de 11 milliards de dollars à sa défense et un peu plus de 8 milliards à la santé et à l'éducation[3] ; même si c'est encore vrai pour le Chili en 1996, la tendance s'est inversée, d'après les chiffres officiels (*cf tableau 3*).

Lorsque la situation intérieure est particulièrement instable et menace les intérêts en place, l'armée va jusqu'à se substituer au pouvoir de droit pour assurer le *statu quo* : en 1980, les deux tiers de la population latino-américaine vivaient sous des régimes militaires et si, progressivement, les soldats sont rentrés dans leurs casernes, dans bien des pays du sous-continent – Paraguay, Guatemala, Salvador, Chili –, ils demeurent dans l'ombre du pouvoir civil, ou restent une menace de sédition comme en Argentine, au Venezuela et au Pérou. En revanche, au Mexique et au Costa-Rica, l'armée est traditionnellement maintenue à l'arrière-plan du jeu politique.

L'armée de métier d'aujourd'hui, formée au tournant des XIXe et XXe siècles par des missions françaises ou allemandes, a peu de rapports avec les *caudillos* surgis spontanément et localement dans les luttes pour l'Indépendance, et qui occupent l'Histoire du XIXe siècle. Ce type d'« hommes forts », qui exercent un pouvoir personnel, a pu se perpétuer dans des pays particulièrement archaïques : ainsi le général Stroessner, dictateur du Paraguay de 1954 à 1989. Les petits pays des Caraïbes, comme Cuba, Haïti, le Nicaragua et la République dominicaine, ont été dotés par les États-Unis, au début de notre siècle, de « gardes nationales », chargées de veiller à la stabilité d'une région d'un intérêt particulier pour le grand voisin, et parfois leurs commandants, Trujillo en République dominicaine, Somoza au Nicaragua, ont utilisé la force de ces armées pour s'emparer du gouvernement et s'y maintenir.

Mais le pouvoir personnel s'efface derrière l'institution militaire lorsqu'elle devient – comme avec la guerre froide et la Révolution cubaine – un instrument de police et de contrôle. La doctrine de la « Sécurité nationale » en a fait la gardienne de l'ordre et du *statu quo* contre la subversion

3. *La Jornada* de México, 25 juillet 1991.

« marxiste » dans le sous-continent : 50 000 officiers latino-américains furent alors formés dans l'école militaire nord-américaine de Panama et, de 1962 à 1967, les militaires renversèrent 9 gouvernements civils, jugés trop modérés pour prévenir le danger de subversion. Ainsi au Brésil, où elle renversa le président Goulart en 1964, l'armée conserva les rênes du pouvoir jusqu'en 1982 et put ainsi éliminer pour longtemps les forces démocratiques et syndicales.

Cependant, les militaires qui se sont emparés du pouvoir entre 1968 et 1972, au Pérou, à Panama, en Équateur, au Honduras, en Bolivie, ont préféré aux méthodes répressives la voie nationaliste et réformiste. Souvent issus des classes moyennes, c'est par une **politique progressiste** qu'ils se sont efforcés de prévenir les situations révolutionnaires, et l'on trouve dans leurs programmes et réalisations réformes agraires et récupérations des richesses nationales : ce fut le cas au Pérou de 1968 à 1975. Le général Torrijos, « homme fort » du Panama, qui avait renversé le gouvernement civil en 1968, a signé en 1977, avec le président des États-Unis Carter, un traité qui reconnaît la souveraineté de son pays sur la zone du canal et en prévoit la restitution en l'an 2000 (l'intervention nord-américaine de 1989 remettra-t-elle ce traité en cause ?).

L'ère de ce militarisme progressiste est de courte durée et c'est, paradoxalement, dans les pays du cône sud que l'on croyait les plus démocratiques que sont apparues des **juntes contre-révolutionnaires**, avec des méthodes répressives inconnues jusqu'alors, pour renverser un régime socialiste légalement élu au Chili (1973), pour extirper des mouvements de guérilla en Uruguay et en Argentine (1973 et 1976). À partir de 1979, les militaires latino-américains, incapables de résoudre la crise économique, discrédités par leur barbarie et leur incompétence – y compris militaire en ce qui concerne l'armée argentine, vaincue dans la guerre des Malouines – ont rendu progressivement le pouvoir à des gouvernements civils élus, tout en laissant de graves séquelles dans des sociétés traumatisées.

• Cependant, de larges couches sociales restent exclues du redémarrage économique et du fonctionnement de la démocratie, menaçant les gouvernements latino-américains de nouveaux coups de force militaires, comme l'ont montré les tentatives de putsch, en 1992, au Venezuela, malgré la tradition démocratique de ce pays. La faiblesse des États et la précarité du système représentatif ouvrent ainsi la voie à des pouvoirs parallèles envahissants, comme les ***mafias* de la drogue** qui s'infiltrent dans les rouages de nombreux États depuis les années 70, et particulièrement en Colombie, laboratoire de la cocaïne. Le Cartel de Medellín, sous l'autorité du *capo* Pablo Escobar puis, après la « traque » et la mort de ce dernier, le Cartel de Cali ont pénétré les circuits politiques, administratifs et économiques : trafic de drogue, trafic des armes, contrebande. Après une période d'indulgence du pouvoir infiltré par leurs narcodollars, on est entré, à partir de 1984, dans une phase de violence exacerbée qui aurait coûté au pays, entre 1991 et 1996, 4,2 % de son PIB soit 17 milliards de dollars en six ans (*Le Monde,* 19/3/98). Les attentats ont fait 10 000 morts par an parmi les civils – policiers, journalistes, magistrats, hommes politiques – dont trois candidats à la Présidence de la République –, souvent victimes des « sicaires », jeunes tueurs à gages recrutés dans les bidonvilles. Ces mafias sont ainsi devenues de véritables pouvoirs face à la déliquescence de l'État et à la dégradation des valeurs morales : de nombreux hommes politiques ont été accusés d'être liés au trafic de la drogue qui aurait ainsi pu financer la campagne électorale du président colombien Samper.

En outre, la nécessité pour les producteurs et trafiquants de drogue d'échapper aux autorités et surtout à l'Agence contre la drogue des États-Unis (DEA), bien plus redoutée que la justice nationale, parfois complice ou susceptible de se laisser corrompre, a entraîné la création de **milices privées** qui, défiant les autorités, imposent leur loi dans de vastes régions. Elles peuvent faire alliance avec l'armée ou les groupes paramilitaires d'extrême-droite. Ou bien le contrôle des zones rurales de production entraîne la collusion du narcotrafic avec la guérilla : ainsi, au Pérou, le narcotrafic approvisionne en armes la guérilla du Sentier lumineux, grâce à ses narcodollars, en échange de la protection qu'il reçoit de celle-ci. Le trafic de drogue, outre ses retombées sociales et économiques, contribue ainsi à la décomposition du pouvoir politique de droit.

4. Les contre-pouvoirs

La volonté des majorités peut donc difficilement s'exprimer par les canaux légaux de la démocratie représentative, en butte aux attaques des pouvoirs factuels. Cette frustration peut aboutir à une radicalisation politique qui ne trouve plus de recours que dans la violence : face aux injustices, au terrorisme d'État et des pouvoirs parallèles se manifeste alors la violence des secteurs marginalisés, qui va des pillages de magasins ou des émeutes à la guérilla.

4.1 Les mouvements *guerilleros*

La guerre froide et la doctrine de la « Sécurité nationale », qui ont durement réprimé les mouvements marxistes ou simplement de gauche, les ont ainsi rejetés dans la clandestinité et, ce faisant, ont nourri la subversion.

• La victoire des guérilleros de la Sierra Maestra sur la dictature, à **Cuba** en 1959, les réalisations de leur révolution dans les années 60 – réforme agraire, récupération des biens nationaux, éducation, santé – se sont produites dans l'une des régions où la violence de l'exploitation et de l'injustice était la plus aiguë ; les représailles économiques et militaires nord-américaines ont poussé Cuba dans le camp socialiste, et son dirigeant, Fidel Castro, n'a pas su joindre les libertés démocratiques à la justice sociale ; la situation explosive après l'éclatement de l'URSS, a provoqué en 1994 l'exode suicidaire des *balseros* sur leurs rafiots de fortune. Cependant l'ouverture économique actuelle pourrait rompre l'isolement de l'île.

Pourtant, la Révolution cubaine a nourri les espoirs des gauches latino-américaines qui ont cru pouvoir importer le modèle du *foco* (foyer révolutionnaire), supposé devoir s'étendre grâce à l'insurrection paysanne. Dans les années 60, la guérilla rurale s'est manifestée dans de nombreux pays, la Colombie, le Pérou, la Bolivie en particulier. La mort de son théoricien, Ernesto Guevara, le Che, dans les maquis boliviens en 1967, a signé l'échec de cette stratégie et la guérilla s'est déplacée des zones rurales aux centres urbains, surtout en Amérique du Sud. La baisse des niveaux de vie, l'autoritarisme et la perte des libertés démocratiques ont poussé les classes moyennes, les intellectuels et les étudiants dans la clandestinité : au Brésil, la jeunesse se proposait de renverser le régime militaire qui avait pris le pouvoir en 1964 ; en Argentine, les *Montoneros*, frustrés par le désastreux retour de Perón, se dressaient contre ses successeurs ; en Uruguay, les *Tupamaros* menaçaient l'alliance entre le gouvernement et l'armée. Mais « la spirale de la violence » répondit par une répression redoublée : dans le cône sud, l'heure sombre des dictatures militaires écrasa pour longtemps les mouvements armés et les voix contestataires.

• La victoire de l'insurrection sandiniste[4] au Nicaragua, en 1979, a relancé les mouvements guérilleros en **Amérique centrale**.

– Au Salvador, où les déséquilibres socio-économiques sont extrêmes, la polarisation s'est accentuée, en 1980, après l'assassinat par l'extrême-droite de l'archevêque de San Salvador, Mgr Romero, avocat de la justice sociale. L'affrontement entre les « escadrons de la mort » de l'armée et la guérilla du Front Farabundo Martí[5] de libération nationale (FMLN) est devenue guerre civile. En 1985 la guérilla contrôlait près du quart du territoire salvadorien, mais elle a marqué ensuite le pas dans un pays dévasté par la violence : 80 000 morts, parmi lesquels six jésuites espagnols assassinés délibérément par des membres de l'armée en 1989. Le relatif équilibre des forces a créé les conditions d'une négociation, qui a abouti en 1992 : les réformes prévues et la réintégration du FMLN à la vie politique laissent entrevoir un avenir de paix ;

– au Guatemala, les revendications, notamment ethniques, de l'Union révolutionnaire nationale guatémaltèque (URNG) – la guérilla la plus ancienne du sous-continent, en lutte contre les gouvernements militarisés – ont entraîné, dans les années 80, un véritable génocide contre les indigènes accusés de lui servir de base, ce qui a provoqué un exode massif vers le Mexique. Le rétablissement d'un régime civil en 1986, a permis en 1996, après de longues négociations, un accord de paix entre l'État et la guérilla ; mais les séquelles de la guerre civile tarderont à disparaître.

4. Elle se réclame du patriote nicaraguayen Augusto Sandino, qui combattit l'occupation nord-américaine à la fin des années 20.

5. Farabundo Martí, symbole des luttes populaires au Salvador, fut secrétaire général du parti communiste et tenta, en 1932, une insurrection paysanne qui fut écrasée.

• La guérilla sévit aussi dans les **pays andins** :
– en Colombie, l'apparition de la guérilla est liée au manque d'espace d'expression créé par le bipartisme et l'alternance, sur fond de luttes paysannes pour la terre : le nom du Mouvement du 19 avril, rappelle qu'à cette date, en 1970, la fraude empêcha le libre jeu des élections. En 1985, le M 19 avait réussi à prendre en otages les membres de la Cour suprême de Justice. Plusieurs tentatives de négociations entre le gouvernement et la guérilla ont échoué jusqu'à la réintégration du M 19 à la vie politique, en 1989 : son chef fut même candidat à la présidence de la République, avant d'être assassiné par les narcotrafiquants. Aujourd'hui, les FARC (Forces armées révolutionnaires) et l'ELN (Armée de libération nationale), financés par l'argent de la drogue et des enlèvements contre rançon, maintiennent une partie du pays dans la violence, et les pourparlers de paix engagés par le président Pastrana au début de 1999 seront probablement longs.
– au Pérou, le Sentier lumineux et le Mouvement révolutionnaire Tupac Amaru[6] ont contrôlé une partie du pays par des méthodes terroristes qui représentaient un défi à l'existence de l'État. Le Sentier lumineux, dont le nom fait référence à son idéologie maoïste, est né dans les milieux universitaires, comme en témoigne l'itinéraire de son chef, Abimaël Guzmán, dit « Président Gonzalo » (arrêté en 1992). Favorisé par l'absence d'intégration ethnique du pays, le Sentier s'est infiltré dans les campagnes les plus pauvres, grâce à un discours messianique. Les paysans ont alors été pris sous le feu croisé du terrorisme guérillero et de la répression militaire et cette guerre a fait plus de 18 000 morts dans les années 80. Après 1985, le Sentier s'est suffisamment développé pour menacer Lima, la capitale, où il a cherché à détruire les structures étatiques en faisant obstacle au fonctionnement des institutions – aux élections, par exemple. Cette stratégie, qui visait à développer la spirale de la violence pour mieux discréditer l'État, prenait pour cible tous les cadres sociaux qui servent de recours aux populations démunies – leaders de mouvements populaires, représentants de l'Église ou des organisations non-gouvernementales : le président Fujimori se flatte d'avoir pratiquement liquidé le Sentier.

6. Du nom d'un cacique indigène, chef de l'une des plus importantes révoltes de l'époque coloniale (1780-1781) ; c'est aussi à lui que les Tupamaros uruguayens empruntèrent leur nom.

En effet, face aux contre-pouvoirs qui s'emploient à destructurer l'État pour faire pression sur lui ou pour le détruire, d'autres contre-pouvoirs cherchent à recréer des structures parallèles, où puissent s'exprimer les frustrations et les revendications.

4.2 Les Églises

L'**Église catholique** est la principale force capable de canaliser les voix d'opposition qui ne peuvent s'exprimer dans des systèmes représentatifs dévoyés. D'une part parce qu'un catholique sur deux, dans le monde, est latino-américain ; d'autre part parce qu'aucune institution ne dispose de la légitimité morale et de la représentativité qui font de certains courants ou de certains membres du clergé des interlocuteurs politiques valables.

L'Église a pourtant longtemps soutenu les régimes les plus conservateurs et cette tendance n'a pas disparu. Mais le concile de Vatican II (1962-1965), peu après la Révolution cubaine, s'est inscrit dans la tendance réformiste qui tentait d'enrayer la vague révolutionnaire. Certains membres de la hiérarchie, comme Dom Hélder Camara, évêque brésilien, prenant conscience de la situation des masses, ont été amenés à penser que le salut des âmes passait par la satisfaction des besoins élémentaires ; on trouvait alors des prêtres dans la guérilla, comme Camilo Torres mort dans le maquis colombien en 1966. Avec la deuxième Conférence épiscopale latino-américaine (CELAM) de Medellín, en 1968, s'est constituée formellement l'option préférentielle pour les pauvres qui est devenue la **Théologie de la Libération**. Ce courant progressiste de l'Église n'a pas hésité à intervenir dans la sphère politique : elle a combattu la dictature au Brésil, dès 1964, puis dans le cône sud – elle constituait une importante structure d'opposition au régime de Pinochet au Chili – et a joué un rôle décisif dans la chute de Duvalier en Haïti ; à l'inverse, elle s'est engagée dans le camp sandiniste au Nicaragua, où deux prêtres sont entrés au gouvernement.

Considérés comme subversifs, nombreux sont les prêtres engagés dans les luttes populaires qui ont été victimes des milices d'extrême-droite, de l'archevêque du Salvador aux obscurs défenseurs des paysans sans terre.

Car la Théologie de la Libération se donne aussi une mission sociale, par la constitution des réseaux de solidarité que sont les « communautés ecclésiales de base » : ces réunions de fidèles pratiquent la direction spirituelle, mais se veulent aussi en prise directe avec la réalité sociale quotidienne, spoliation de terres ou problèmes d'équipement collectif. Elles prospèrent dans certains pays, comme le Brésil, qui en comptait 60 000 avec un million et demi de membres en 1982.

Mais la Théologie de la Libération s'est trouvée rapidement en butte aux attaques des milieux conservateurs de l'Église latino-américaine et du Vatican, et est en perte de vitesse : en février 1996, le voyage du pape Jean-Paul II en Amérique Centrale et notamment dans des pays où la Théologie de la Libération a été vivace, comme le Nicaragua, signale une ferme reprise en main.

Parallèlement, **l'offensive des églises évangéliques et des sectes**, en Amérique latine, dispute le terrain à l'Église catholique, particulièrement au Brésil où les 16 millions de protestants représentent 10 % de la population, en Bolivie, en Colombie, au Chili et surtout au Guatemala : dans ce pays, les Églises et sectes protestantes représentent près du tiers de la population, et le président élu Serrano – destitué en 1993 après une tentative de coup d'état – appartenait à l'Église évangéliste. Au Pérou, la candidature du président Fujimori a été activement soutenue par les évangélistes. Si leur rôle politique n'est pas mis en doute, il est diversement interprété : pour certains observateurs, ces Églises, qui viennent souvent des États-Unis, tendent à importer, avec les modèles culturels nord-américains, une ligne nettement conservatrice ; pour d'autres, elles occupent le vide créé par le néolibéralisme et la décomposition des États dans les milieux marginalisés – zones rurales ou bidonvilles – où, en jouant sur l'affectivité par la musique et la gestuelle, elles recréent un lien communautaire.

Devant ces défis, la célébration du cinquième centenaire du début de l'évangélisation, à Saint-Domingue en octobre 1992, a été l'occasion pour le pape et la hiérarchie de prôner une « nouvelle évangélisation » qui pourrait signifier un retour à l'orthodoxie.

4.3 La société civile

À côté de ces structures liées au religieux, se manifestent des formes d'association laïques dans la lutte en faveur des droits de l'homme et de la justice. Ces forces sont souvent précaires : des centaines d'étudiants mexicains ont payé de leur vie, en 1968, sur la place des Trois Cultures de Mexico, leur exigence démocratique. Pourtant, ici et là, des forces collectives se mobilisent : les Folles de la Place de Mai, mères et grand-mères d'enfants « disparus », ne sont pas étrangères à la chute de la Junte militaire en Argentine ; les victimes du tremblement de terre de 1985, à Mexico, ont fait osciller le PRI sur ses bases depuis les élections de 1988 ; plus récemment, au Mexique, comme au Salvador ou en Argentine, des alliances électorales semblent pouvoir regrouper les oppositions contre le coût social du néolibéralisme. Ailleurs, les organisations indiennes marquent des points.

Face aux crises économiques, préoccupantes pour la stabilité du continent, ces mouvements populaires divers annoncent-ils une prise de conscience généralisée en faveur d'une démocratie authentique ?

CONCLUSION

Au terme de ce parcours, force est de constater que l'expression Amérique latine recouvre une multiplicité de situations, mais aussi de nombreux aspects communs aux vingt pays qui la constituent.

Entrée tardivement dans la communauté des nations, l'Amérique dite latine doit, pour s'y intégrer pleinement, surmonter des obstacles qui proviennent, en partie, de son passé colonial : sa dépendance économique prolongée a créé des déséquilibres sociaux qui entravent le libre jeu des institutions démocratiques, en butte à des poussées de violence contradictoires.

Pourtant, le sous-continent américain dispose, semble-t-il, de plus d'atouts que d'autres parties de ce que l'on a appelé « Tiers monde » : sa diversité géographique en fait une région riche en produits recherchés par l'homme ; l'histoire de son peuplement – où l'élément latin n'est qu'une composante parmi d'autres – a généré une richesse humaine et culturelle dont les expressions artistiques donnent la mesure. Mais, subissant avec le monde occidental auquel elle a lié son destin le choc d'une crise sévère, l'Amérique latine y a répondu en se ralliant au libéralisme économique. Cette option, qui aggrave des tensions sociales accentuées, pourra-t-elle assurer la stabilité de la démocratie récemment retrouvée ?

Après la chute des régimes socialistes, il est vrai, l'Amérique latine n'est plus un enjeu dans la guerre des « blocs », et Cuba fait figure d'exception durement menacée ; mais, à tous les niveaux, le poids du marché international reste prédominant, même si le cinquième centenaire de 1492 a été l'occasion d'un rapprochement entre les États latino-américains et leurs anciennes métropoles, réunis par une communauté de culture. Dans une conjoncture menaçante, l'Amérique latine trouvera-t-elle ses propres voies de développement ? Car, comme l'a dit le président mexicain Salinas de Gortari : « Ni la démocratie ni la souveraineté nationale ne fleurissent sur le terrain de la pauvreté[1] ».

1. *El País,* « La cumbre del V Centenario », 23 juillet 1992, p. 6.

Annexes

Table des sigles

ALADI : Association latino-américaine de libre commerce.

ALALC : Association latino-américaine de libre-échange.

APRA : Alliance populaire révolutionnaire américaine (Pérou).

BID : Banque interaméricaine de développement.

BIRD : Banque internationale pour la reconstruction et le développement (Banque mondiale).

CEPAL : Commission économique pour l'Amérique latine.

CISA : Conseil indien d'Amérique du Sud.

CORPI : Coordination régionale des peuples indiens d'Amérique centrale.

COB : Centrale ouvrière bolivienne.

CTM : Confédération des travailleurs mexicains.

ELN : Armée de libération nationale (Colombie).

EZLN : Armée Zapatiste de Libération Nationale (Mexique).

FARC : Forces armées révolutionnaires de Colombie.

FMI : Fonds monétaire international.

FMLN : Front Farabundo Martí de libération nationale (Salvador).

MCCA : Marché commun centre-américain.

MIR : Mouvement de la gauche révolutionnaire.

MST : Mouvement des Sans Terre (Brésil).

OEA : Organisation des États américains.

PAN : Parti d'Action Nationale (Mexique)

PRI : Parti révolutionnaire institutionnel (Mexique).

SELA : Système économique latino-américain.

TLC : Traité de libre commerce.

CHRONOLOGIE

1492 : Christophe Colomb aborde la future Amérique.

1822 : Dom Pedro proclame l'indépendance du Brésil.

1823 : « Doctrine » de Monroe.

1824 : La victoire d'Ayacucho libère le continent de la domination espagnole.

1826 : Échec du Congrès de Panama et de la tentative d'unité continentale.

1889 : Conférence panaméricaine de Washington.

1895-1902 : Guerre d'Indépendance de Cuba. Traité de Paris et « amendement Platt ».

1903 : Création de l'État du Panama (1914 : inauguration du canal).

1910-1917 : Révolution mexicaine.

1926-1933 : Révolution nationaliste d'Augusto Sandino au Nicaragua.

1931 : Révoltes paysannes au Salvador.

1932-1935 : Guerre du Chaco entre la Bolivie et le Paraguay.

1937 : Coup d'État de Getulio Vargas au Brésil : *O Estado Novo.*

1938 : Au Mexique, le président Cárdenas nationalise le pétrole.

1943 : En Argentine, un coup d'État porte au pouvoir le général Perón et le justicialisme.

1948 : Début de la « violence » en Colombie. Naissance de l'Organisation des États américains (OEA).

1952 : En Bolivie, le Mouvement nationaliste révolutionnaire (MNR) entreprend des réformes de structure.

1954 : Au Guatemala, le gouvernement réformiste d'Arbenz est renversé.

1953-1959 : À Cuba, la Révolution renverse Batista puis lance un programme de réformes structurelles et d'expropriations.

1961 : Alliance pour le progrès du président Kennedy pour enrayer les révolutions.

1962 : Affaire des fusées à Cuba. En Uruguay, création des *Tupamaros.*

1964 : Les militaires brésiliens renversent le président Goulart.

1963-1965 : Intervention en République dominicaine.

1968 : Conférence épiscopale de Medellín. Au Pérou, Junte progressiste du général Velasco Alvarado. À Mexico, massacre d'étudiants sur la place des Trois Cultures.

1969 : Au Panama, Omar Torrijos entreprend une politique nationaliste. « Guerre du football » entre le Salvador et le Honduras.

1970 : Au Chili, gouvernement de l'Unité populaire de Salvador Allende. En Uruguay, début de la répression contre les *Tupamaros*.

1972 : En Équateur, Junte militaire nationaliste.

1973 : Coup d'État militaire au Chili. En Uruguay, dissolution du Parlement.

1974 : En Colombie, création de la guérilla du M 19. Répression en Argentine.

1976 : Coups d'État militaires en Argentine et en Uruguay.

1978-1979 : Au Nicaragua, mobilisation contre la dictature et chute de Somoza.

1980 : Apparition de la guérilla du Sentier lumineux au Pérou. A San Salvador, assassinat de l'archevêque Romero par l'extrême-droite.

1981 : Échec de l'insurrection du FMLN au Salvador.

1982 : Guerre des Malouines et chute du régime militaire en Argentine. Au Guatemala, répression anti-guérilla du président Ríos Montt.

1983 : Intensification du terrorisme du Sentier Lumineux au Pérou. Les militaires uruguayens abandonnent le pouvoir.

1985 : Retour des militaires brésiliens dans leurs casernes. Tremblement de terre à Mexico.

1986 : Soutien nord-américain à la *Contra* anti-sandiniste au Nicaragua.

1987 : Accords de paix d'Esquipulas pour l'Amérique centrale.

1988 : Au Chili, le général Pinochet est désavoué lors d'un plébiscite.

1989 : Échec de l'insurrection salvadorienne. Intervention nord-américaine à Panama. Au Paraguay, le général Rodríguez renverse le général Stroessner.

1990 : Au Nicaragua, les Sandinistes perdent les élections.

1992 : *Autogolpe* du président Fujimori au Pérou. Au Brésil, destitution du président Collor, accusé de corruption. Au Salvador, négociations entre la guérilla et le gouvernement.

1993 : Au Venezuela, destitution du président Pérez, accusé de corruption. Au Guatemala, *autogolpe* puis destitution du président Serrano. Élections au Paraguay. Pénurie à Cuba qui cesse ses exportations de sucre.

1994 : Au Mexique, soulèvement dans le Chiapas et assassinats de dirigeants du PRI. E. Zedillo (PRI) est élu président en août. À Cuba, crise des *balseros*.

1995 : Guerre frontalière entre le Pérou et l'Équateur.

1996 : À Lima, la guérilla Tupac Amaru prend en otages deux cents personnes à l'ambassade du Japon ; au Guatemala, accord de paix entre la guérilla de l'UNRG et le gouvernement.

1997 : Au Brésil, grande marche des paysans sur Brasilia ; au Mexique, le PRI perd pour la première fois la majorité absolue à la Chambre des Députés et le contrôle de la capitale ; en Argentine, l'opposition radicale et de gauche fait perdre sa majorité au président Menem ; en Bolivie, l'ex-dictateur Banzer est élu à la présidence.

1998 : Première visite du Pape à Cuba ; le général Pinochet, ex-chef de la Junte chilienne, arrêté à Londres, est sous le coup d'une demande d'extradition ; au Venezuela, élection à la présidence du colonel Hugo Chávez, auteur d'un coup d'État militaire en 1992.

1999 : Une grave crise financière au Brésil menace de contagion tout le continent.

Tableau 1 : Données démographiques

Pays	Population en millions	Densité hab/km^2	Croissance démographique	Taux de fécondité*	Mortalité infantile/1 000 hab.	Espérance de vie (1995)
Argentine	36,1	13	1,3	2,6	22	72,6
Bolivie	8	7,1	2,3	4,4	66	60,5
Brésil	165,2	19,2	1,2	2,1	42	66,6
Chili	14,8	19,3	1,4	2,4	13	75,1
Colombie	37,7	32,5	1,7	2,7	24	70,3
Costa-Rica	3,7	70,5	2,1	2,9	12	76,6
Cuba	11,1	99,8	0,4	1,5	9	75,7
Rép. dominicaine	8,2	166,2	1,7	2,8	34	70,3
Équateur	12,2	42,1	2	3,1	46	69,5
Guatemala	11,6	103,2	2,8	4,9	40	66,1
Haïti	7,5	266,5	1,9	4,6	82	54,6
Honduras	6,1	53,4	2,8	4,3	35	68,8
Mexique	95,8	47,9	1,6	2,7	31	72,1
Nicaragua	4,5	33,5	2,6	3,8	44	67,5
Panama	2,8	35,3	1,6	2,6	21	73,4
Paraguay	5,2	12,5	2,6	4,2	39	69,1
Pérou	24,8	19	1,7	3	45	67,7
Salvador	6,1	281,7	2,2	3,1	39	69,4
Uruguay	3,2	18,3	0,6	2,3	17	72,7
Venezuela	23,2	25	2	3	21	72,3
Total	487,8					
Espagne		78,7	0,1	1,2		77,7
États-Unis		29	0,8	2		76,4

* Nombre moyen d'enfants par femme en âge de procréer.
Source : *L'État du Monde 1999*. Paris, La Découverte, 1998.

Tableau 2 : Langues amérindiennes. Nombre de locuteurs (1974)

Pays	Langues	Effectifs des locuteurs
Paraguay	guarani	2 469 000
Bolivie	aymara	1 750 000
	quechua	1 500 000
Guatemala	quiché (maya)	500 000
	kaktchikel	350 000
	kekchi	350 000
	mam	340 000
Pérou	quechua	1 200 000
	aymara	500 000
Équateur	quechua	1 200 000
Mexique	nahualt	1 200 000
	maya	475 000
Argentine	quechua	300 000
Chili	mapuche	250 000
Colombie	guarijo	100 000
Honduras	caub	35 000
Nicaragua	miskito	50 000
Venezuela	warao	15 000

Source : *Les Grandes Langues écrites du monde* (1978), Kloss et Mac Connel, cité *in* : *Un milliard de Latins en l'an 2000* (étude de démographie linguistique sous la direction de Ph. Rossillon, Paris, L'Harmattan/Union Latine, 1983).

Tableau 3 : Données économiques

Pays	% du PIB de la région	Croissance du PIB 97	Croissance du PIB 98	PIB/ hab. en $ (1998)	Dette extérieure millions de $ (1998)	Dépenses publiques % du PIB éducation	Dépenses publiques % du PIB défense
Argentine	15,5	8,4	4,5	6 720	118 000	4,5	1,5
Bolivie	0,5	4,2	4,7	964	5 478	6,6	2,1
Brésil	37	3	0,5	3 214	193 120[2]	4,6	2,1
Chili	3,6	7,1	5	4 099	31 180	2,9	3,5
Colombie	4,4	3,1	1,8	1 749	33 563	3,5	2,6
Costa-Rica	0,5	3,2	5	2 141	3 607	4,5	0,6
Cuba	–	–	–	–	13 719[3]	6,6	5,4
Rép. dominicaine	0,6	8,2	6	1 109	3 835	1,9	1,1
Équateur	1,2	3,4	1	1 378	15 000	3,4	3,4
Guatemala	0,7	4,3	4,8	1 013	3 862	1,7	1,4
Haïti	0,1	1,1	2,5	215	1 059	1,5	3,5
Honduras	0,3	4,5	3	667	4 180	3,9	1,3
Mexique	23	7	4,6	3 530	156 186	5,3	0,8
Nicaragua	0,1	5,1	6	509	6 104	3,9	1,5
Panama	0,5	4,4	4	2 772	6 990[3]	5,2	1,4
Paraguay	0,5	2,6	1	1 465	2 212	2,9	1,3
Pérou	3,5	7,2	1	2 189	29 176[3]	3,8	1,9
Salvador	0,5	4	4	1 316	2 996	2,2	1,5
Uruguay	0,8	5,1	2,5	3 504	6 881	2,8	2,3
Venezuela	5,4	5,1	0,3	3 211	32 000[2]	5,2	1,2
Total ou moyenne	98,7[1]	5,3	2,5	2 198	696 000[4]		

1 : le total n'inclut pas les pays anglophones ; 2 : chiffre pour 1997 ; 3 : chiffre pour 1996 ; 4 : estimation.

Source : *El País* (ed. internacional), 23-29/3/99 ; *L'État du Monde 1999,* Paris, La Découverte, 1998.

Tableau 4 : Données sociologiques

Pays	IDH* 1995	Analphabétisme %		Taux de scolarisation	Médecins % par hab.	Nombre de livres publiés (titres)
		Hommes	Femmes			
Argentine	0,888	3,8	3,8	79	2,68	9 113
Bolivie	0,593	9,5	24	69	0,43	447
Brésil	0,809	16,7	16,8	72	1,36	21 574
Chili	0,893	4,6	5	73	1,24	2 469
Colombie	0,850	8,8	8,6	69	0,91	1 481
Costa-Rica	0,889	5,3	5	69	0,88	1 034
Cuba	0,729	3,8	4,7	66	3,64	698
Rép. dominicaine	0,720	18	17,8	73	1,05	2 219
Équateur	0,767	8	11,8	71	1,53	12
Guatemala	0,615	37,5	51,4	46	0,25	–
Haïti	0,340	52	57	29	0,09	271
Honduras	0,573	27,4	27,3	60	0,41	22
Mexique	0,855	8,2	12,6	67	1,6	2 608
Nicaragua	0,547	35,4	33,4	64	0,66	–
Panama	0,868	8,6	9,8	72	1,78	–
Paraguay	0,707	6,5	9,4	63	0,81	152
Pérou	0,729	5,5	17	79	1,03	1 294
Salvador	0,604	26,5	30,2	58	0,66	–
Uruguay	0,885	3,1	2,3	76	3,23	1 143
Venezuela	0,860	8,2	9,7	67	1,94	3 660
États-Unis	0,943			96	2,6	62 039
Espagne	0,935			90	4,22	48 467

**L'Indicateur de Développement Humain* exprimé sur une échelle de 0 à 1, prend en compte le niveau de santé, d'éducation et de revenu.

Source : L'État du Monde 1999, Paris, La Découverte, 1998.

BIBLIOGRAPHIE

Généralités

L'étudiant trouvera dans cette rubrique de très utiles ouvrages généraux, qui lui permettront d'approfondir sa connaissance des structures de l'Amérique latine d'aujourd'hui, selon les cas, dans les domaines historique, sociologique, économique et politique. Il s'agit d'ouvrages récents – sauf le classique Niedergang – en principe disponibles dans les bonnes bibliothèques.

• Ouvrages en français

BATAILLON Claude, DELLER Jean-Paul, THERY Hervé (dir.), *Amérique latine*, Paris, Hachette/Reclus, 1991.

CHEVALIER François, *L'Amérique latine de l'Indépendance à nos jours*, Paris, PUF, 1977.

DABÈNE Olivier, *L'Amérique latine au XXe siècle,* Paris, A. Colin, 1994.

LEMOINE Maurice, *Les Cent Portes de l'Amérique latine*, Paris, Éd. Autrement, 1988.

MANIGAT Leslie, *L'Amérique latine au XXe siècle (1889-1929)*, Paris, Seuil, coll. « Points-Seuil », 1991.

MAURO Frédéric, *L'Amérique espagnole et portugaise de 1920 à nos jours*, Paris, PUF, 1975.

NIEDERGANG Marcel, *Les Vingt Amériques latines*, Paris, Seuil, 1ère édition 1969 (nombreuses éditions).

RIADO Pierre, *L'Amérique latine de 1945 à nos jours – Économies, sociétés et vie politique,* Paris, Masson, 1992.

ROUQUIÉ Alain, *Amérique latine, introduction à l'Extrême-Occident,* Paris, Seuil, 1987.

TOURAINE Alain, *La Parole et le Sang, politique et société en Amérique latine*, Paris, Odile Jacob, 1988.

VAYSSIÈRE Pierre, *Les Révolutions d'Amérique latine*, Paris, Seuil, coll. « Points-Seuil », 1991.

• Ouvrages en espagnol

CHEVALIER François, *América latina de la Independencia a nuestros días*, Barcelona, Labor, 1983.

MORINIGO Marcos A., *Diccionario de Americanismos*, Buenos Aires, Muchnick ed., 1966.

Dictionario temático abreviado iberoamericano, Sevilla, ed. J.R. Castillejo, S.A.

GALEANO Eduardo, *Las venas abiertas de América latina*, México, Siglo XXI, 1980. Malgré son parti pris militant et passionnel, cet ouvrage fait un point utile sur la dépendance néo-coloniale de l'Amérique latine.

HALPERIN DONGHI Tulio, *Historia Contemporánea de América latina*, México, Alianza editorial, 1987.

HERNANDEZ SÁNCHEZ BARBA Mario, *Iberoamérica en el siglo XX, dictaduras y revoluciones*, Madrid, ed. Anaya, 1988.

Nuestro Mundo 1985-1986, Madrid, Agencia EFE/Espasa Calpe. Réalisation d'une agence de presse, ce gros annuaire est une mine d'informations.

WALDMANN Peter, *América latina, Síntesis Histórica, Política, Económica y Cultural,* Barcelona, ed. Herder, 1984.

Aspects particuliers

On trouvera dans cette rubrique des ouvrages spécialisés, consacrés à des points particuliers abordés dans ce volume, et qui proposent au lecteur une information complémentaire.

• Ouvrages en français

AMNESTY INTERNATIONAL, *Amériques, les droits bafoués des populations indigènes*, Paris, Éditions francophones, 1992.

BARTHÉLÉMY Françoise, *Un continent en quête d'unité*, Paris, Les Éditions ouvrières, 1991.

BASTIAN Jean-Pierre, *Le protestantisme en Amérique latine,* Genève, Labor et Fidès, 1994.

BATAILLON Claude, PANABIERE Louis, *México aujourd'hui, la plus grande ville du monde*, Paris, Publisud, 1988.

BERTEN Ignace et LUMEAU René (dir.), *Les Rendez-vous de Saint-Domingue – les enjeux d'un anniversaire (1492-1992)*, Paris, Centurion, 1991.

BURGOS Élisabeth, *Moi, Rigoberta Menchú,* Paris, Gallimard, 1983.

CASASSUS-MONTERO Cecilia, *Travail et travailleurs au Chili*, Paris, La Découverte, 1984.

CASTAÑEDA Jorge, *L'Utopie désarmée, l'Amérique latine après la guerre froide,* Paris, Grasset, 1996.

Communications de masse en Amérique latine, Toulouse, éd. du CNRS, 1979.

COUFFIGNAL Georges (dir.), *Réinventer la démocratie – le défi latino-américain,* Paris, Presses de la fondation nationale des sciences politiques, 1992.

COUFFIGNAL Georges (dir.), *Amérique latine tournant de siècle,* Paris, La Découverte/Les Dossiers de l'État du monde, 1997.

DABÈNE Olivier, *Amérique latine, la démocratie dégradée,* Bruxelles, éd. Complexe, 1997.

DESTEXHE Alain, *Amérique centrale – enjeux politiques*, Bruxelles, éd. Complexe, 1989.

Destins croisés – cinq siècles de rencontres avec les Amérindiens, Paris, Unesco/Albin Michel, 1992.

DOMITILA, *Si on me donne la parole (la vie d'une femme de la mine bolivienne)*, Paris, éd. Maspéro, 1978.

DUMONT René et MOTTIN Marie-France, *Le Mal-développement en Amérique latine*, Paris, Seuil, 1981.

FELL Ève-Marie, *Les Indiens, sociétés et idéologies en Amérique hispanique,* Paris, A. Colin, 1973.

GHEERBRANT Alain, *L'Église rebelle d'Amérique latine*, Paris, Seuil, 1969.

HERTOGHE Alain et LABROUSSE Alain, *Le Sentier lumineux du Pérou – Un nouvel intégrisme dans le tiers monde*, Paris, La Découverte, 1989.

Indianité, ethnocide, indigénisme en Amérique latine, Toulouse, éd. du CNRS, 1982.

LABROUSSE Alain, *La Drogue, l'Argent et les Armes*, Paris, Fayard, 1991.

LABROUSSE Alain, *Le Réveil indien en Amérique latine*, Lausanne, éd. Pierre-Marcel Favre, 1985.

LAMBERT Jacques et GANDOLFI Alain, *Le Système politique de l'Amérique latine*, Paris, PUF, 1987.

LEENHARDT Jacques, KALFON Pierre *et al.*, *Les Amériques latines en France*, Paris, Gallimard, 1992.

LINHART Robert, *Le Sucre et la Faim*, Paris, éd. de Minuit, 1980.

MEUNIER Jacques, *Les Gamins de Bogotá*, Paris, A.M. Métailié, 1989.

Mexico, entre enfer et damnation, Paris, éd. Autrement, 1986.

REMICHE-MARTINOW Anne et SCHNEIER MADANES Graciela (dir.), *Notre Amérique métisse – 500 ans après les Latino-américains parlent aux Européens*, Paris, La Découverte, 1992.

RODRIGO J.M., *Le Sentier de l'espoir : les organisations populaires à la conquête du Pérou*, Paris, L'Harmattan, 1990.

ROUQUIÉ Alain, *L'État militaire en Amérique latine,* Paris, Seuil, 1982.

ROUQUIÉ Alain (coord.), *Les Forces politiques en Amérique centrale,* Paris, éd. Karthala, 1991.

ROUQUIÉ Alain, *Guerres et paix en Amérique centrale,* Paris, Seuil, 1992.

ROLLAND Denis, *Amérique latine – Guide des organisations internationales,* Paris, L'Harmattan/Publications de la Sorbonne, 1983.

RUDEL Christian, *Les Combattants de la liberté,* Paris, Éditions ouvrières, 1991.

SALAMA Pierre et VALIER Jacques, *L'Amérique latine dans la crise – l'industrialisation pervertie,* Paris, Nathan, 1991.

SALAZAR Alonso, *Des enfants tueurs à gages, les bandes d'adolescents de Medellin,* Paris, Centre Europe-Tiers monde, Ramsay, 1992.

TREFEU Roger, *Les Rebelles de l'Église,* Paris, Éditions ouvrières, 1991.

VIGOR Catherine, *Atanasio-Parole d'Indien du Guatemala*, Paris, l'Harmattan, 1993.

• Ouvrages en espagnol

ALCANTARA SÁEZ Manuel, *Sistemas políticos de América Latina,* Madrid, Éd. Tecnos (2 vol), 1989-1990.

ALCINA FRANCH José (compilador), *Indianismo e indigenismo en América,* Madrid, Alianza editorial, 1990.

América Latina en su literatura (coord. e introducción de C. Fernández Moreno), México, Paris, Siglo XXI/Unesco, 1978.

América Latina en sus ideas, México, Unesco/Siglo XXI, 1986.

América Latina/Estados Unidos : evolución de las relaciones económicas (1984-1985), México, Siglo XXI, 1986.

BARRE Marie-Chantal, *Ideologías indigenistas y movimientos indios,* México, Siglo XXI, 1983.

CARDOSO Ciro F.S. y PEREZ BRIGNOLI Héctor, *Historia Económica de América Latina* (2 vols), Barcelona, Crítica, 1979.

CONCHA MALO Miguel *y al.* : *La participación de los cristianos en el proceso popular de liberación en México*, México, Siglo XXI, 1986.

CUEVA Agustín, *Las democracias restringidas de América Latina,* Quito, Planeta, 1988.

DEGREGORI Carlos Ivan, *El surgimiento de Sendero Luminoso*, Lima, Instituto de Estudios Peruanos, 1991.

DRIANT J.C., *Las Barriadas de Lima,* Lima, IFEA/DESCO, 1991.

GONZÁLEZ CASANOVA Pablo (coord.), *El estado en América Latina – Teoría y práctica,* México, Tokio, Siglo XXI/Universidad de las Naciones unidas, 1990.

GONZÁLEZ CASANOVA Pablo (coord.), *Historia del movimiento obrero en América Latina,* México, Siglo XXI, 1984.

MELGAR BAO Ricardo, *El movimiento obrero latino-americano*, Madrid, Alianza editorial, 1988.

MEYER Lorenzo, y REYNA José Luis (coord.), *Los sistemas políticos en América Latina,* México, Siglo XXI, 1989.

ROJAS-MIX Miguel, *Los cien nombres de América,* Barcelona, ed. Lumen, 1991.

Sistemas electorales y representaciones políticas en Latino-América, Madrid, Instituto de Cooperación Iberoamericana (2 vol), 1986.

Études par pays

Les ouvrages qui figurent dans cette rubrique étudient différents pays latino-américains dans une perspective plus générale ; on a exclu les livres les plus anciens, dont l'information n'est plus à jour. Pour plus de commodité le classement adopté est l'ordre alphabétique de pays.

• Ouvrages en français

LAFAGE F., *L'Argentine des dictatures,* Paris, L'Harmattan, 1991.

QUATTROCHI-WOISSON Diana, *Un nationalisme de déracinés, l'Argentine pays malade de sa mémoire,* Paris, CNRS éditions, 1992.

ROUQUIÉ Alain, *L'Argentine,* Paris, PUF (Que sais-je ? n° 360), 1984.

LAVAUD Jean-Pierre, *L'Instabilité de l'Amérique latine. Le cas de la Bolivie,* Paris, L'Harmattan/Éd. de l'IHEAL, 1991.

RUELLAN Alain et Denis, *Le Brésil,* Paris, Karthala, 1989.

THÉRY Hervé, *Le Brésil,* Paris, Masson, 1989.

Cuba, 30 ans de révolution, Paris, éd. Autrement, 1989.

LAMORE Jean, *Cuba,* Paris, PUF (Que sais-je ? n° 1395), 1970.

LAMORE Jean, *Le Castrisme,* Paris, PUF (Que sais-je ? n° 2073), 1983.

RUDEL Christian, *L'Équateur,* Paris, Karthala, 1992.

BUHRER Jean-Claude et LEVANSON C., *Le Guatemala et ses populations,* Bruxelles, éd. Complexe, 1980.

LE BOT Yvon, *La Guerre en terre maya. Communauté, violence et modernité au Guatemala*, Paris, Karthala, 1992.

CORNEVIN Robert, *Haïti,* Paris, PUF (Que sais-je ? n° 1955), 1982.

RUDEL Christian, *Mexique,* Paris, Karthala, 1983.

MONNET Jérôme, *Le Mexique*, Paris, Nathan Université, 1994.

MUSSET Alain, *Le Mexique,* Paris, Masson, 1990.

PRÉVOT SCHAPIRA M.-F. et REVEL-MOUROZ J. (coord.), *Le Mexique à l'aube du troisième millénaire,* Paris, IHEAL, 1993.

VANNEPH Alain, *Le Mexique et ses populations,* Bruxelles, éd. Complexe, 1986.

DIAZ Juan *et al*, *Nicaragua : les contradictions du sandinisme,* Toulouse, Gral/CNRS, 1985.

DUFLO Marie et RUELLAN Françoise, *Le Volcan nicaraguayen,* Paris, La Découverte, 1985.

GANDOLFI Alain, *Nicaragua, la difficulté d'être libre,* Paris, Karthala, 1983.

TROTET François, *Panama,* Paris, Karthala, 1991.

RUDEL Christian, *Paraguay,* Paris, Karthala, 1990.

POUYLLAN Michel, *Venezuela,* Paris, Karthala, 1992.

REVEL-MOUROZ Jean (dir.), *Venezuela. Centralisme, régionalisme et pouvoir local,* Paris, EST/IHEAL, 1989.

Revues

• Revues françaises

L'étudiant dispose de nombreuses revues sur l'Amérique latine, qui peuvent l'aider à approfondir des aspects particuliers ou à préparer des dossiers, exposés ou mémoires.

Amérique latine, revue trimestrielle de sciences sociales publiée par le Centre de recherches sur l'Amérique latine et le tiers monde, 24 numéros parus entre janv.-

mars 1980 et oct.-déc. 1985.

Cahier des Amériques latines, Paris, Institut des hautes études de l'Amérique latine-Université de la Sorbonne Nouvelle-Paris III.

Caravelle, Cahiers du monde hispanique et luso-brésilien, IPEALT/CNRS, Université de Toulouse-Le Mirail.

Dial, diffusion de l'information sur l'Amérique latine (43, ter, rue de la Glacière, 75013 Paris).

L'État du monde, annuaire économique et géopolitique mondial, Paris, La Découverte.

Golias (le journal catho tendre et grinçant) (14 rue de Nanteuil, 75015 Paris), n° 31, automne 1992 : « Le panorama des Églises latino-américaines ».

L'Ordinaire Mexique – Amérique centrale, GRAL-CNRS/IPEALT, Université de Toulouse-Le Mirail.

Problèmes d'Amérique latine, Paris, La Documentation française.

Sol a Sol (le magazine de l'Amérique latine), Paris, éd. Univers latin (magazine d'information générale).

• périodiques en espagnol

Anuario Iberoamericano, Madrid, Agencia EFE (existe pour les années 90, 91, 92, 93).

Cuadernos americanos, México, ed. Libros de México.

Informe latinoaméricano (Latin American Newsletters), Londres (perspective économique surtout).

Latinoamérica – Anuario de estudios latinoamericanos, México, UNAM.

El País, quotidien de référence espagnol. L'information sur l'Amérique latine y est plus importante que celle proposée par la presse française.

INDEX DES PAYS

INDEX DES NOMS DE PERSONNES

INDEX THÉMATIQUE

Dans la même collection

Domaine espagnol

11. Anne Dulphy, *Histoire de l'Espagne de 1814 à nos jours*
16. Madeleine et Arcadio Pardo, *Précis de métrique espagnole*
32. Annie Molinié-Bertrand, *Vocabulaire historique de l'Espagne classique*
48. Marc Zuili, *Introduction à l'analyse des textes espagnols et hispano-américains*
67. Jean-Claude Seguin, *Histoire du cinéma espagnol*
86. Robert Omnès, *Phonétique, phonologie, orthographe et prononciation de l'espagnol*
101. Annie Molinié-Bertrand, *Vocabulaire historique de l'Amérique espagnole*
106. Bernard Bessière, *Vingt ans de création espagnole (1975-1995)*
108. Ricardo Romera Rozas, *Introduction à la littérature fantastique hispano-américaine*
131. Robert Duclas, *Grammaire espagnole. De la pensée au langage – t. 1*
132. Robert Duclas, *Grammaire espagnole. De la pensée au langage – t. 2*
150. Jacqueline Ferreras, *La Civilisation espagnole aujourd'hui*
181. Henri Guerreiro, Claude Le Bigot, *La Dissertation littéraire en espagnol*
223. Jordi Bonells, *Le Roman espagnol contemporain de 1939 à nos jours*

11004441 - (II) - (3) - OSB 80° - JBU
Imprimé en Espagne par LIBERDUPLEX (Barcelone)
Dépôt légal : septembre 2006